岩 波 文 庫

33-476-2

# 革 命 的 群 衆

G. ルフェーヴル著
二 宮 宏 之 訳

岩 波 書 店

Georges Lefebvre

# FOULES RÉVOLUTIONNAIRES

1934

# 目　次

# 革命的群衆

# 革命的群衆(1)

このたび、光栄にも、「綜合研究国際討論週間」において報告を行なうようお招きを受けたが、この名誉は、おそらく私が、フランス革命の経済史・社会史を研究していることに由るものであろう。このことをまずお断りしておかねばなるまい。私はここで、主としてフランス革命史、とりわけ一七八九年の事例を引いて話を進めるが、このような次第であるから、どうか御諒承いただきたい。フランス革命の初期段階における群衆がいかなるものであったかを検討することは、この共同研究に何らかの有益な貢献をなしうるように思えるし、私は「大恐怖」la Grande Peur についての試論(一)をまとめる過程で、この時期の群衆を子細に検討する機会を持ったからである。(2)

(1)　アンリ・ベール氏の主宰のもとに開かれた一九三二年の「綜合研究国際討論週間」に際し、綜合研究国際センター(パリ、コルベール街十二番地、ヌヴェール館)において行なわれた報告のテクスト。「綜合研究国際討論週間」の報告集に収録され、一九三四年度の『フランス革命史年報』にも掲載された。

(2) *Documents relatifs à l'histoire des subsistances dans le district de Bergues pendant la Révolution*, t. I (Lille, 1914)〔同書の序論、とくに二八—三四頁の、食糧供給をめぐる民衆の心性を扱った部分を参照〕; *Les paysans du Nord pendant la Révolution française* (Lille, 1924); *La Grande Peur de 1789* (Paris, Armand Colin, 1932).

「群衆」foule という独自の概念は、医学博士ルボンによってフランス革命史研究に導入されたものである(3)。この概念は、ルボン以前には誰もほとんど注意を払わなかった、さまざまな問題が存在することを示唆してくれた。その点では、ルボンの功績は疑うべくもない。しかし彼の貢献は、それ以上のものでは決してないのである(二)。饒舌で性急なルボンは、曖昧かつ皮相な議論を展開したにすぎない。彼はそれらの問題点を、はっきりと提示したのではなかったし、「群衆」の概念自体も明確にしなかった。「群衆」という言葉で、異質な諸個人の集まりを指している場合もあれば、「群衆」をエリートと対置している場合もある。後者の場合には、「群衆」は民衆的諸階層の茫漠とした寄せ集めといった意味でしかない。彼は、一方の概念から他方へと移りゆき、両者を恣意的に混同している。それはおそらく、ルボンが、人間という存在は、「心的感染」contagion mentale と彼が名付けるところのものによって動かされている、と考えていたことに由来しよう。もっとも、この「心的感染」なるものを、ルボンはきちんと研究したこともないし、定義してもいないのであるけれども。(三) こうした弱点は、しかし、たいして驚くには当たらない。ルボンは、フランス革命の社会史はもとより、政治史についてすら、直接自分で研究したことはなく、材料はもっぱらテーヌの研究に頼っていたからである。(四) ルボンの著書からは、次の二つの結論を抽き出すことができる。第一には、「群衆」について語りながら、彼は群衆を研究する気はさらさらなく、ただ、この言葉の陰に、心的現象に関するある種の考え方を密かに滑り込ませていただけだということ。そのために、群衆の独自性は、実際のところ消え失せて、個人心理の問題となってしまっている。第二には、革命一般、とりわけフランス革命は、リーダーたち——その中には真面目な者も不真面目な者もいたのだが——にそそのかされた、無自覚な暴徒のなした業であり、それゆえ、フランス革命に原因があるとすれば、革命のリーダーたち自身をそそのかした「啓蒙思想家」の著作以外にはない、ということである。レアリストだと自認していたルボンが、こうして、革命運動を純粋にイデオロギー的観点から見ようとする連中と合流しているのを目にするのは、まことに奇妙なことである。

（3） Gustave Le Bon, *Psychologie des foules* (1895) ; *La Révolution française et la psychologie des Révolutions* (1912).

ルボンの主張は、実際には論難《ポレミーク》をこととする書物でありながら歴史書と称しているような著述の中に、思いつき的に取り込まれたりはしたが、本来の歴史家たちは、ルボンの仕事から何ものも学ばず、群衆の問題をとり上げることをしなかった。これはまことに残念な事態である。なぜなら、まっとうな歴史家だけが、不可欠の素材を社会学者たちに提供することができるのだから。さらに付け加えておかねばならないのは、社会学者の方でも、ほとんどこの問題に関心を示さなかったということである。「群衆」は、社会的現象というよりは単なる集合現象であって、その流動的な性格を捉えるのが非常に困難な、社会学の対象からは「外れている《デグラデ》」現象だというわけである（五）（4）。

（4）　これまでは、いわゆる「犯罪的群衆」foules criminellesが、主として研究されてきた。この点については、D. Essertier, *Psychologie et sociologie* の文献目録、とくに一一九頁以下を参照せよ。私は、次の書物から、きわめて貴重な示唆を得ることができた。G. Dumas, La contagion mentale (*Revue philosophique*, 1911 et 1915) ; Delacroix, *La religion et la foi* (1922)．私のストラスブール大学における同僚モーリス・アルブヴァクス氏は、私がこの研究を進めている間、ここに扱われている諸問題について快く意見の交換に応じ、さらには、私の草稿に眼を通してくれた。私は、アルブヴァクス氏の考えから、多くを学ぶことができた。ここで、氏に、深い感謝を捧げたい。

他方、革命の歴史家たちは、暗黙のうちに、革命的群衆を、多少とも組織性をもった行動や祝典参加のためなどに、さまざまな個人が、共通の情念ないし同一の理性的判断に基づいて、自覚的に集まったもの、とみなしているように思われる。しかし、こうした集団は、語の固有な意味での「群衆」fouleではなく、実は「結集体」rassemblementなのである（六）。ここで念頭におかれているのは、明らかに、一七九二年六月二十日や一七九三年六月二日の示威運動、一七九二年八月十日の蜂起、一七九三年八月十日や共和暦第二年草月《プレリアル》二十日の祭典などに違いないが、(七)こうした「結集体」は、疑いもなく何らかの組織性を有している点において、「群衆」とは異なっている。これらの結集体には、国民衛兵やセクシオンが枠組を付与しているのだ。(八)

これに対し、一七八九年の群衆は、こうした特徴を備えていないと主張することができる。第一に、七月十四日の戦士たちや、十月五日の朝、マイヤールが指揮することとなった、大部分が女性から成るデモ隊は、何ら組織の痕跡を留めていない。農村の蜂起についても同様である。とくに注目すべきは、行動を志向する「結集体」の性格を帯びる以前に、一七八九年の集団は、つねに偶然だったとは言わぬまでも、少なくとも革命的行動とは無縁の動機で、まず純粋な群衆として形成された、ということである。七月十二日の日曜日、パリの民衆は、散歩をしたり良い天気を楽しんだりするために、パレ・ロワイヤルの周辺に集まっていたのだった。その時に、ネッケル罷免の知らせが、突如彼らの精神状態を変化させ、「群衆状態」をつくり出し、「集合体」から革命的な「結集体」への急変を準備したのである。(九)おそらくは、十月五日の月曜に集まった女性たちも、少なくともその大多数は、パンの不足と高騰に抗議しようと集まったのであり、この単なる「集合体」が突然ヴェルサイユへと向かうデモ隊に変容したのは、その後のことにすぎない（一〇）。マコン地方のイジェ村では、七月二十六日の日曜日、農民たちはいつものようにミサに参列し、ミサのあと、教会から出て、ごく自然に教会前の広場に集まる形となった。そして、この集まりが、領主の館に向けての革命的な「結集体」へと変容し、地方における農民叛乱のきっかけとなったのである（一一）。「大恐怖《グランド・プール》」が拡まってゆく過程では、まず野盗の集団が押しかけてくるとの知らせがきっかけとなって、村人たちが集まり始める。当初の恐怖を乗り越えると、人々は自衛の組織にとりかかる。この集まりが、時に——多くの場合にそうなるというのではなくむしろ逆なのだが——革命的な性格、つまり、特権身分や国王役人に反抗するといった性格を帯びることがあるにしても、それは後になってのことであった（一二）。革命期を通じて、とくに飢饉の際の市場やパン屋の店頭などでは、群衆がこのようにして攻撃的な結集体へと一挙に変容した事例を見ることができる。われわれの調査のためには、このような変容の事例の方が、綿密に計画された叛乱の準備より、はるかに興味深いのである。

第二に、「結集体」が問題の場合も、そうした行動に導くような思想や情念が、全く自律的にひとりひとりの意識のうちに目覚め、そうした個人がただ集まれば結集体が形成される、と考えるわけにはいかない。彼らが行動に出るため集結するのは、お互いの間に、「心的相互作用」action intermentale が働き、「集合心性」mentalité collective があらかじめ形成されているからなのだ。上に述べた急激な変容は、それに先立ってこのような作用が働いていたことを推測させる。「大恐怖」の痙攣的波及は、これ以外には説明しようがない。歴史家たちも、暗黙のうちにそれを承認しているといってよかろう。実際、彼らは、蜂起した者たちが追求した目的を詳しく叙述したり、その感情にまで立ち入って分析したりもしているからである。しかし、このような方向に十分研究を推し進めてこなかったことは、認めておかねばなるまい。歴史家が好んで研究の対象とするのは、むしろ次の二つである。第一には、革命的運動の原因だと彼らが考える経済的・社会的・政治的な諸条件。そして他方では、革命運動のめぼしい事件や運動の成果。しかし、実際には、これらの原因と結果との間には、集合心性の形成というファクターが介在しているのだ。集合心性の形成こそが、真の因果連関をつくり出すのであって、それだけが、結果なるものを十分に理解することを可能にするといってよかろう。なぜなら、結果とされる事実が、歴史家が気軽に原因だと認める事実とは、時に不釣合に見えることが生ずるからである。社会史はそれゆえに、対立する階級の外から見える姿を記述することに留まっているわけにはゆかない。これらの階級それぞれの、心的内実 contenu mental にまで達しなくてはならないのである。そうしてこそ社会史は、政治史を、そしてとりわけ、革命的結集体の行動を、説明するのに役立ちうるのだ。

最後に指摘しておくべきは、次の点である。ある集団が自覚的に形成された場合でも、それに加わった者たちは、その時からというもの、個々ばらばらであった時と同じような仕方で考えかつ行動するわけではないということ、また、集合心性の形成には、日常生活において人々を結び合わせる役割を果たしているかもしれないような集合体、多少とも無意識的な集合体をも、考慮に入れる必要があるということである。それゆえ、もしも革命の過程で蜂起した集団を「結集体」と定義づけようというなら、それが固有の意味での「群衆」とどんな関係を持っていたかを検討しなければならないのだ。

これらが、以下において手短に検討したいと思っている三つの問題点である。

## 一　純粋状態の群衆、または「集合体」／「半意識的集合体」／「結集体」への突然の変容

純粋状態においては、群衆は、諸個人の、自覚されていない一時的な「集合体」agrégatである。電車が通ったあとの駅の周辺とか、学校や事務所や工場が終わってどっと人間を吐き出し、彼らが買物や散歩をする人々に合流した時の街路や広場などにできるのが、それである。都市空間の形状が、人間の流れ工合を規定する。混雑の度合も、時刻や天候によるとともに、この都市空間の形状によってもきまってくる。「社会的」な観点から言えば、このような群衆は、社会集団の一時的な解体によって特徴づけられている。アルブヴァクスが見事に指摘したところだが、(5) いま出てきたばかりの仕事場とこれから帰っていく家庭との狭間にあって、路上の群衆の中にいる労働者は、彼の行動を社会化しているもろもろの制度から、しばらくの間、自由にな

っているのだ。(三)

(5) Maurice Halbwachs, *La classe ouvrière et les niveaux de vie* (Paris, 1913), p. 446 et s.

群衆の中に埋没する時、ある者はそこに歓びを感じ、ある者は不安を抱くのも、おそらくはそれゆえであろう。前者は解放感を覚えるのであり、後者は放り出されてしまったと感じて狼狽しているのである。

このように、ばらばらになってしまった社会的要素から成り立っている純粋な群衆は、一切の集合心性を奪われているかに見える。しかし、それは単に表面だけのことにすぎない。この点についてどう考えるべきかは、のちに立ち戻って考察することにしよう。

ルボンが大いに持ち上げた「心的感染」contagion mentale の仮説が当てはまるのは、主としてこの純粋な群衆に対してである。しかし、この「心的感染」の名の下に、ルボンは、本質的に異なる次のような作用を混同しているということを、デュルケムが決定的に明らかにしているのであって、このことを、ここであらためて指摘しておく必要があろう。(6) (1)心的相互交流による考え方の平準化。(2)論理的な推論、有用性への配慮、共感あるいは同調、物理的・精神的圧力への危惧などによる、ある考え方の採用。(3)最後に、ボーン氏が先に示してくれた動物の集団に見られる行動の伝染のような、固有な意味における感染がそれである[四]。この三つのうち最初の二つの作用は、理性的要素を含んでおり、心的感染とみなすわけにはいかない。このような留保を付してのことだが、行動の伝染は、実際に群衆のうちに現われうる。しかしこうした可能性があるにしても、それを群衆の本質的な特徴とみなすことはできないであろう。

(6) Emile Durkheim, *Le suicide*, p. 108.〔宮島喬訳『自殺論』中公文庫、一九八五年、第一篇第四章「模倣」一二七―一二九頁〕

「集合体」すなわち純粋な群衆を以上のように特徴づけるとすれば、この「集合体」と自覚された「結集体」との間には、中間的な性格の多くの結合形態があることを、まずもって指摘せねばならない。このような性格の集団を、以下では「半意識的集合体」agrégat semi-volontaire と呼ぶことにしよう。ここでは、革命の初期に、集合心性の形成と「結集体」の準備に大きな役割を果たしたと思われるいくつかの事例を取り上げることにする。その役割は、農村地帯において、とりわけ重要である。けだし農村地帯では、仕事場や街頭や居酒屋での会話が、都会におけるほどに大きな場を占めていないからである。

アンシアン・レジーム下における農業生活は、すくなくともフランスの多くの地方において、今日よりいっそう頻繁に農民たちを互いに接触させていた。フランスの平野地帯は、大体において開放耕地の地方であって、村域は耕圃《こうほ》に分かたれており、そこでは、実際に「輪作強制」の規定が設けられていた場合にせよ、家畜の共同放牧と耕地の細分化とが、この慣行を事実上不可避なものとしていた場合にせよ、いずれにしても、輪作が課せられていた。それゆえ、ぶどうの取り入れは言うまでもなく、耕《こう》耘《うん》・播種・牧草の刈取り・麦の収穫の際にも、農民たちは、一緒に同じ耕圃で農作業に従事したのである。ここで問題にしている観点から言えば、このような開放耕地の地方と、囲い込みの地方――特に西部フランスやリムーザン地方――や山地の地方との基本的な違いは以上の点にあると言っても過言ではない。また、穀物やぶどうの取り入れの際には、季節労働者の移動や集団で行なわれる落穂拾いなども、集合心性の形成に貢献したことを付け加えておく必要があろう(一五)。

日曜ごとに行なわれるミサの影響は一層明瞭である。ミサのあとでは必ず、教会の中や前の広場で村の寄合いが開かれ、それが終われば、三々五々と居酒屋に集まって話がはずんだのであった。このように見てくると、すでにマコン地方のイジェ村の例を引用したように、農村の騒擾《そうじょう》において日曜が大きな役割を果たした理由も納得がいくのである。同じ理由から月曜もまた怖れられていた。日曜に決められた計画が、しばしば月曜に実行に移されたからである。(一六)

週市もまた、決定的な重要性を示している。よく知られているように、農民は農産物、とくに穀物を自分の家で売ることは許されていなかった。必ず町に持って行き、定められた場所・時刻に、買手の眼の前に並べなければいけなかったのである。農民は農民で、町の市場へ出掛けたついでに、必要な買物をして帰ってくるのであった。町の住民たちは、こうして町の住民と交渉を持ち、情報も手に入れた。時には、町の住民の間に拡まっている考え方に影響されたりもした。市場で騒擾が起これば、農民たちは村に戻ってその話をし、村は恐怖におびえたりするわけだ。凶作が続けば、農民たちは町の週市に買出しにやって来るが、今度は町びとの方が飢えた連中が押しか

けてくるのを眼前にして胆をつぶす番であった。(一七)

当時、穀物の流通は、舟、より一般的には荷車によって行なわれる他なかったから、このような食糧危機の時には、行く先々で、舟や荷車のまわりには人だかりができ、行く手をさえぎったり掠奪したりするのであった。物乞いが拡まり、やがては乞食の集団が徘徊し始める。しかし、何物にもまして怖るべきは、大都市で、パン屋の店先にひきもきらずにつめかける人々の「行列」であった。蜂起する結集体に早変りするのに、これほど適した集団はないからである。

以上に見てきた事例のどれをとっても、人々の集まりは、意識的に形成されたものではない。人々が、畑仕事やミサや週市やパン屋に出掛けるのは、それぞれ、自分たちのやるべきことのために行くのであって、徒党を組むために出掛けて行くのではない。しかし、彼らは、仲間も同じようにそこにやって来るだろうこと、そこへ行けば大勢の仲間の中に入ることになるだろうということを、十分承知しており、それに同意しているのである。さらに言えば、彼らにとって、仲間と出会えるのが喜びなのであり、もしも、やって来たのは自分たちだけといったことにでもなれば、ひどく落胆するのが普通だったろう。大勢が集まるということは、本来の目的ではないものの、欠かすことのできない気晴らしであり楽しみなのである。農民たちがあれほどミサに執着した理由の一端はここにある。（一八）一七七四年と一七八七年に農作物を自分の家で売ることが許可されたにもかかわらず、農民たちは相変わらず市場に足を運んだのだが、その理由のひとつもここにある。こうした習慣は穀物についても十九世紀のかなり遅くまで続いていたし、野菜などについては、いまだにそれは続いている。アーサー・ヤングは一七八八年に、フランスの農民がそんなに時間をかけるほどの収益もないのに手間暇かけて野菜や卵を売りに行く、と言って揶揄《やゆ》しているが、もしもヤングがいま町の市場に行って見れば、相変わらず同じからかう対象を見出すであろう。（一九）彼は農民がそこに見出している楽しみを考慮に入れていなかったのだ。

ここで、本来的に楽しみのために開かれる集まりについて触れておくのが順当だろう。町では、こうした集まりは、どこかで毎日のように、少なくとも日曜ごとには開かれており、人々はそこを暗黙のうちに集まり場所としていたのだった。パリでパレ・ロワイヤルが果たした役割はよく知られているが、一七八九年七月十二日の革命的結集体を生み出したのは、先にも指摘した通り、この種の人だかりであった。農村では、村祭りが同じような機能を果たすが、それはもちろん、はるかに間遠にめぐってくる。村祭りは、常に懼《おそ》れられていた。一七八九年七月、ボージョレ地方の農民蜂起は、クレーシュ村の村祭りが引き金となって拡まったという。(一〇)こうした集まりが開かれれば、もうそれで、明らかに一歩踏み出したことになるのだ。人々が散歩や祭りに出掛けるのは、よい天気を楽しんだり、店をひやかしたり、大道芸人の見物をしたりするためであって、本来的な意味で、仲間と団結するためではなかろう。しかし、大勢の人に出会うという楽しみがあてにされているのであり、もし一人っきりといったことであれば、他にどんなことがありえようとも、その魅力は損なわれ、雲散霧消することにすらなるだろう。

ひとたび全国三部会が召集され、開会するに至ると、もう一つ別のタイプの集会が注目される。まず、代議員選出と陳情書起草のための小教区の選挙集会がそれであり、また、中央からのニュースを待ち受けたり、代議員や好意的な情報提供者からの手紙が読み上げられるのを聴いたりしようと、町の中で自然に出来上がった人だかりがそれである。このような集会は、集合心性の形成に大きな影響を及ぼした。選挙集会では、第三身分に属するひとりひとりが、心の中で反芻していた不満のすべてを、総ざらい並べ立てた。後に問題にする心性の「平準化作用」nivellement を促し、同時にまた苦い想いや憤りをかきたてるのに、これほどふさわしいものはなかった。ニュースを聴くための集まりも、たとえばレンヌの場合のように、一七八九年の七月には、革命的な行動に決起する集団へと変貌した例が多い。ここまでくれば、ほとんど「意識的な結集体」と紙一重ということができる。住民たちはたしかに国王によって選挙集会に召集されたのだが、彼らはいやいやながらやって来たのではないし、共同で行動しようという心づもりがあったことも明白である。ニュースのために集まって来るのは、自分ひとりの考えによるものではあるが、しかしこの時にはすでに革命的集合心性が生まれているのであって、一刻を争ってニュースを知ろうとしたのは、場合によっては行動に立ち上がるぞという意志が背後にあったからである(二)。

一七八九年の六月末から七月にかけて、パリならびにヴェルサイユにおける事態の展開に関し、国王と国民議会に宛てての訴えを起草し署名を集めるために多くの都市で集会が開かれるが、このような集まりとなれば、さらにもう一歩、革命的結集体に近づくことになる。この訴えは、原則として合法的なものであったし、そこで用いられている個々の表現はつねに敬意に充ちているとはいえないまでも、訴えは全体として鄭重ですらある。しかしこの訴えは、全国三部会の代議員と気脈を通じて行なわれるのがつねであって、これはすでに、はっきりした目標に向かっての行動となっていたのである。

以上の考察からでも、いくつかの「集合体」agrégat が、「結集体」rassemblement へと急激に変容していった経過を垣間見ることができるように思うが、別の次元での考察が、この現象の理解を一層容易にするであろうことも確かであるから、以下その考察に移ることにしよう。

先に、単なる「集合体」つまり純粋な群衆の特質を考察した際、このような集団の特徴の一つとして集合心性の欠如が指摘される傾向があるが、実はこれには問題がある、ということを注意しておいた。実のところ、私の考えでは、集合心性の欠如は、全く表面的なものにすぎないのである。人間の集合体はすべて、ある社会の内部において形成される。たしかに、こうした集合体に加わるにあたっては、個人は、彼が通常その一部を成している社会集団から、一時的に離脱することが必要である。しかし、それだからといって、彼は、その社会集団の集合心性を完全に捨て去ることができるわけではない。その集合心性に含まれているさまざまな観念や感情は、彼の意識の背後に押しやられているにすぎない。しかもその背後に押しやられる度合は、集合体が、どの程度異質の要素から成っているかに応じてさまざまである。たとえば、工場からはき出されてくる労働者たちがつくり出す集合体では、労働者たちは企業の支配から脱しはするが、労働者階級としての集合心性はそれほど簡単になくなりはしない。先に検討した農村の集合体の場合でも、農民たちが、彼らの属する村落共同体の関心や情念を完全に見失うなどということはないのだ。他方また、こうして新たに集まった者たちは、制度化されてはいないものの、新しいグループがひとつの集団としてつくり出す集合心性を帯びるのである。たとえば、生産者や買占め商人に対立する、消費者としてのグループといったものがそれである。実際、集合体が、集合心性を弱めるどころか、逆にそれを強化することもありうるのだ。市場やパン屋の店先の行列などに見られる集合体の場合がそうである。さらには、次のように言うことすらできるかもしれない。すなわち、集合体にまぎれ込むことによって、個人は、彼の日常生活を枠づけている小社会集団の規制から脱し、より広い結びつき——彼はそのような結びつきに加わってもいるわけだが——に特徴的な考え方や感じ方に、はるかに敏感になりうるのだと。

最後に、集合体がどんなに無意識的なものであり、また異質の要素から成るものであっても、そのメンバーは語のもっとも広い意味での社会に属しているのであって、社会が成り立つためには不可欠な基本的集合観念、すなわち、社会の成員はその生命と財産を尊重される権利を有するといった考えが、そのメンバーの意識から消え失せることはありえないのである。たとえば私的制裁は、群衆に固有な現象の典型的なものとみなされてきたが、私の考えでは、これはむしろ、集合体においても、社会の成員の安全や財産を侵害する者は罰さるべきであるという集合観念が生きつづけている証拠なのである。集合体が公安官や警官に立ち向かう時には、より複雑な集合観念が現われる。公秩序の維持を職務とする人間は、誤って、あるいは意図的に、個人の自由を侵害することが大いにありうるということ、そして社会は、彼らの行動を統御していかねばならないといった考えがそれである。以上のような意味で、集合体つまり純粋な群衆に典型的な現象はといえば、それはパニックであろう。メンバーが、彼らの存在を脅かす危険に対し、共同で身を守れる状態にもはやないと確信するに至ると、社会的絆は決定的に損なわれ、個人はもはや逃走のうちに救いを求める以外に術《すべ》がなくなるのである。

以上の考察からわれわれは二つの結論を抽き出すことができよう。

(一) 人類については、純粋な集合体、つまり純粋状態の群衆は存在しないと、逆説的にではなしに言うことができる。というのは、純粋な集合体を私は、異質な要素より成るものと定義したが、人類にあっては、集合体の構成メンバーはつねに何らかの程度に集合心性を帯びているから、そのメンバーが全き意味で相互に異質なものとなることは決してないからである。ただし、それだからといって、動物的なものと言ってよい純粋集合体の特徴のいくつかが、人間の集合体に見出されない、などと言うのではもちろんない。

(二) 集合体のメンバーにあっては、それまでの集合心性を構成していた諸要素は、単に意識の背後に押しやられているにすぎないから、何らかの外的事件がそれらの要素を意識の前面に呼び戻しさえすれば、集合体のメンバーは、一挙に強い連帯感を恢復しうる。何らかの激しい情動によって集団意識がにわかに甦ると、それは集合体に「群衆状態」とでも名付けられるべき新しい性格を付与する。市民意識が高度に発達している、文化水準が高い現代の諸国民にあっては、国民の生存そのもの、あるいはまた国の指導者や国民の基本的な利益が危機に瀕しているとのニュースが集合体の内部に拡まると、まことに印象的な形でこの現象が生ずる。こうした状況では、集合体は一瞬にして、ひとつの国民に属しているという意識をとり戻すのである。

このように見てくるならば、集合体が急激な変容により革命的結集体へと変化を遂げることがいかにして可能かを理解するのは容易ではなかろうか？　この転換のためには、革命的な集合心性があらかじめ人々の裡に醸成されていること、そして、集合体が形成される時の状況のゆえに一時的に意識から排除されていた集合心性が、何かがきっかけとなって再び意識の前面に甦ってくることが必要であり、またそれで十分なのである。集合体が、村祭りの場合のように、生理的興奮を喚び起こしたり、飢饉の時の市場やパン屋での行列の場合のように、反権力的な集合心性を自ずと内包していたりする時には、この変容は一層のこと容易となろう。

それゆえわれわれは次のように結論できる。すなわち、それに相応しい集合心性があらかじめ醸成されていないならば、「革命的結集体」――常識的であいまいな意味合いになるが、「群衆」という言葉を使いたければ「革命的群衆」と言ってもよい――はありえないのだ、と。

## 二　革命的集合心性

革命的集合心性の形成は、もちろん、経済的・社会的・政治的諸条件を前提にしているのだが、これらの条件は、個々のケースによって異なっており、ここでそれを詳しく検討するわけにはいかない。一七八九年には、これらの諸条件が、第三身分と呼び慣わされているカテゴリーに属するすべての者たちを、特権階層に対して、また、抑圧的法秩序の維持を任務とし大部分はアリストクラート層（三）のメンバーであった国王役人たちに対して、蜂起させるに至ったのだが、この第三身分の心性はといえば、均一的なものとはほど遠かった。農民たちは、都市民よりもはるかにアンシアン・レジームの重圧に苦しんでいたのであり、彼らは領主とむき出しの形で対峙している。飢饉ともなれば、特権階層や国王役人に対する反感はいっそう強まるが、それは同時に、貧者と富者、消費者と生産者、都市民と農民とを対立させることによって、第三身分を解体する方向に作用する。時代が変われば、問題は別の姿をとることになるだろう。一八三〇年には、国民意識が、支配的な役割を演じている。七月革命の光栄の三日間は、かつての第三身分が、憲章を擁護し、貴族と聖職者の支配に終止符を打とうとしたのであるから、政治的・社会的性格を帯びていたとも言えよう。しかし、人々が国王とその同盟者をとりわけ非難したのは、彼らが、国民に襲いかかった不運を利用して権力についたという事実であって、ここでは国民の三色旗が王家の白色旗に復讐を遂げたのである。一八四八年二月には、政治理念――普通選挙と共和制――が、経済危機によって激化した階級対立と結びついているが、一八四八年六月になると、もっぱら階級対立のみが中心的な問題となる。一八七一年のコミューンの蜂起は、さらに複雑な性格を示すことになろう。

革命的心性は、人により早い遅いがあるのは当然であるけれども、まずもって、個々人の意識のうちに形成されることは、言うまでもない。しかし、革命的心性の集合的な特徴は、「心的相互作用」action intermentale から生まれるのである。この心的相互作用はどのように機能するのであろうか。

何よりもまず、「語らい」conversation によってである。現代にかなり近い時代に至るまで、民衆教育の不十分さ、コミュニケーションの困難さ、経済的・政治的な諸条件などから、今日われわれにはごく当たり前のものとなっているさまざまなプロパガンダの手段、たとえばパンフレット、新聞、集会といった方法を用いる余地は、きわめて限られたものであった。今日ですらなお、語らいは、この上ないプロパガンダの手段である。語らいだけが、無関心な人々をひきよせることができる。しかし、語らいが、集合心性の形成に大きな役割を果たしたのは、こうしたプロパガンダの手段としてではない。少なくとも過去においてはそうではなかった。人々は無意識の形で、計画的な意図などはなしに、日常的な語らいを通じ、ものの考え方・感じ方を共にするような心的作用を及ぼし合っていたのである。それゆえ、革命的な集合心性は、革命前夜に至って突如形成されるなどと考えてはならない。その芽生えは、つねに、はるか昔に遡るのである。一七八九年においても、革命的集合心性は、民衆の記憶、非常に古い民衆的伝承に根ざしていた。こうした伝承の形成と継受にあたっては、「夜の集《つど》い」veillée における語らいが、基本的な役割を果したことは確かである。(三三)この口伝えの伝承は、すでに平準化の作用、抽象化の過程を含んでいる。領主と農民の対立関係は、封建制とともに古いものであって、歴史を通じ、数え切れぬほどの農民一揆によって露わにされてきたのだが、民衆の記憶は、こうした一揆の正確で詳細な経過とは言わぬまでも、少なくとも、感性に刻み込まれた明確なイメージを保ちつづけていたのである。(二四)

革命的騒乱が始まると、口伝えの伝達が持つ固有の特徴のひとつである情報を変容させるという性格が、集合心性の強化に強い影響を及ぼす。情報は、集合心性とうまく調和するように変形され、そうした形をとることによって、集合心性の基本的な観念を確固たるものとし、集合心性の情動的要素を昂ぶらせることになる。(二五)一七八九年にも、その後の長い期間においても、情報の伝達は、大抵の場合、口伝えの形で実現された。通信や新聞は、そのおかれていた状態からいって、とても情報をコントロールできなかった。そうでなければ、「大恐怖」は説明しえないだろう。もちろん、もっと時代を下っても、情報の口伝えによる歪曲が、とくに危機的な状況においては、起こらずにはいなかった。もちろんそれは、必ずしも革命的な危機である必要はない。

一九一四年の世界大戦は、その見事な例を示してくれた。

語らいについては、印刷物、歌謡《シャンソン》、演説などによるプロパガンダもまた、集合心性の形成に寄与しうる。一七八九年には、印刷物は、都市のブルジョワジーや農村の富農の間では、重要な役割を果したが、民衆階層に対し直接の影響を及ぼすことはなかった。(二六)演説も、全国三部会の開会までは、都市の代議員選挙集会以外では、プロパガンダの手段とはなりえなかった。しかし、ひとたび革命が始まると、この種のプロパガンダは強力に推し進められ、もろもろの政治的クラブは、こうしたプロパガンダを組織するためもあって創設されたのである。一八一五年以後は、プロパガンダ活動は日常的に行なわれるようになり、どんな弾圧も、それを完全に抑圧することはできなかった。実際、こうしたプロパガンダは、ほとんど自覚されない形でも行なわれうるということに注意しておかねばならない。印刷・出版業者や行商人や流しの歌い手などが、実入りが多いようにと、すすんで集合心性におもねることがあったからである。たとえばナポレオン伝説の形成と浸透とを調べたいと思うならば、暦、エピナルの刷絵、庶民向けの歌謡《シャンソン》などを、大いに重視しなければならない。(二七)

最後に、集合心性はまた、共同体が個人に対して及ぼす規制力の作用によっても強化される。この規制力はとりわけ心理的なものであり、順応主義《コンフォルミスム》がもたらす安心感や無責任感が、共同体の規制力を大いに援けることになろう。お客が逃げてしまうのではないかとか、仕事を貰えなくなるのではないかといった懼れは、決して無視しうるようなものではない。そして激しい情念の噴出といった事態になればなるほど、身体に対する暴力や、財産に対する侵害などの懼れが次第に大きな比重を占めるようになる。

以上に見てきたようなさまざまなファクターを検討していくことから、歴史家は有益な成果を得ることができよう。これらのファクターが及ぼした作用の痕跡を弁別すること、またとくに、これらの痕跡を十分な数だけ採集することは、もちろん容易ではない。古文書館に行っても、こうした問題について、まとまった文書の束は見出せないからである。しかし、個々の事例を示す史料が欠けているわけでは決してない。「世論」についての研究は、経済的・社会的・政治的諸条件の叙述とならんで、それら諸条件の反映である集合的心性の復元と、その集合心性が形成されてくる過程の可能な限り正確な指示を、必ず含むべきであろう。タイトルから当然こうした問題を扱うはずと思われる書物は、それはずいぶんと数が多いのだが、残念なことに、期待を充たしてくれるものが多いとは言えないのである。

心的相互作用を出発点とする精神の働きは、推論に頼らなければ歴史家にはつかみきれないものであり、それゆえ、固有な意味では歴史家の領分には属さないのだが、その働きとしては、まず第一に、平準化 nivellement の過程があるように思われる。つまり、ひとりひとりの農民が、それぞれの特別の事情で背負わされていたかもしれないような苦情の種が、全部ひっくるめて領主の責任とされるようになり、さらにそれがすべての領主の属性と考えられるようになってゆく。領主のひとりひとりは、こうして、苦情の全体に対して連帯責任を負うとみなされるのだ。今日でもなお、多種多様な封建地代を、まるで農民はみなこれらの封建的諸貢租のすべてをひとしなみに負担していたかのように、微に入り細にわたって描き出すといったことが起こるのである。この平準化の当然の帰結は、抽象化によって「典型的領主」seigneur-type なるものが構成され、その結果、個々の領主の個別的な特徴は次第に捉えがたくなるのであり、たとえある領主が個人としては穏健な面や寛大な性格を示していても、それを次第に考慮しないようになってゆくのである。こうしたわけで、農民蜂起の渦中では、農民たちが「あんなにも親切な領主様」に対して暴力を振って相済まなく思うといったことも起こるが、しかもなお、農民たちは領主の証文を焼き払うことを止めはしないのだ。リール・シュール・ル・ドゥ村でアーサー・ヤングは、お前はアリストクラートの味方かと問いただされて、とんでもないと否定したが、こんなふうに付け加えた。「もしも私が領主だったら、どういうことになろうかね?」「どういうことになるかだって?」と厳しい調子で相手の連中は答えた。「まずは首くくりだろうよ。それがふさわしいってもんだろうからな（二八）」。しかし、こうした過程が完璧なところまで到達することはなかったということを認めておかねばならない。革命の全過程を通じて、領主が追及を免れ、恐怖政治の絶頂期においてすら、彼らの城館において平穏に過ごしえた例も見られる。かつての領民たちが、これらの領主に対しては何ら個人的な迫害を加えることを望んでいなかったからである。

　領主についての集合表象は、領主なるものは利己的な悪しき意図を持つものときめつけている。その悪しき意図のゆえに領主は、自分の優越性を脅かすかもしれぬような一切の改革を、あらゆる手段を用いて妨害し、流産させようとするに違いないというわけだ。農民がまことに短絡的に、領主はこうした悪しき意図を持っているにきまっていると考えたのは、自らの所有地に強く執着していた農民が、もし自分が領主の立場に立てば、それ以外の行動をとるはずがないと疑問の余地なく感じとっていたからだと言ってよかろう。国王が全国三部会を召集したという知らせを聞くや否や、農民たちはこの決定を、ルイ十六世が彼らの困窮を軽減しようと望んでいる証拠だと解釈した。そして、彼らの頭の中では、王様が彼らの窮状を救ってくれるというならば、少なくとも王税の一部、すべての封建的諸貢租ならびに十分の一税を廃止する以外には術《すべ》がないはずであったから、そうとなれば特権階層は、自分が犠牲になるような改革を何が何でも阻止しようと企てるに違いない、と農民たちは結論したのであった。そこから、あの「アリストクラートの陰謀」という疑念が生まれたのである。(二九)しかも、特権階層が頭数での投票に反対し、さらに国民議会に対し軍事的な手段を発動しようと企てたことなどは、こうした疑念を正当化するにあまりあった。一七八九年の革命的集合心性においては、この疑念こそが基本的な特徴をなしている。八九年に続く数年間は、外国の介入が、一層この疑念を強めた。しかし、すでに八九年段階から、フランスの特権階層とヨーロッパのアリストクラート層との癒着は予見されていたし、すでに「大恐怖」の展開において重要な役割を果たしたのであった。

敵役《かたき》の典型がひとたび設定されると、民衆は経済危機の原因を分析することはできなかっただけに――もっとも、専門家をもって任ずる者たちですら明確にその原因を把握するには至らなかったのだが――、経済状況が悪化すると、敵役のイメージをひたすら邪悪陰険に描くようになる。構造的な悪弊と、失業や凶作の結果として生じた一時的な病弊とは、まったく区別されない。そのどちらについても、――実際それが当たっていた場合もあるのだが――支配階級に責任ありとみなされる。一七八八年と八九年との間に生じた事態はまさにそれであった。経済危機はこうして革命的な運動を解き放つのに大きく貢献した。一八四八年にも同様であり、今回はブルジョワジーが攻撃の目標となった。一七八九年には、領主や十分の一税取得者や国王役人は、売り惜しみをしているといって非難された。つまり、第三身分への敵対者たちが、第三身分の反抗を罰するために食糧不足を惹き起こしたのだとして、食糧不足を「アリストクラートの陰謀」のせいにしたのである[三〇]。フーロンやベルチエを血祭りにあげたのも、こうしたところに由来する[三一]。

敵対者についてのイメージがひどく暗いものであるのと対照的に、苦しむ階級についてのイメージは、まことに楽天的である。革命期を通じ、貧しき者はこうしてすべての徳を付与されたのであった。たしかに、ジャン＝ジャック・ルソー以来、文学作品は好んでこのテーマをとり上げており、革命期の議会での演説や新聞などに紋切型の表現が氾濫している責任は、サン・キュロットの集合心性より、むしろこうした文学の方にあるだろう。しかし、サン・キュロットたちが、清貧を基本的な特性とするような理想的サン・キュロットのイメージを進んでつくり上げていたことも疑いをいれない。今日においてもなお、労働運動や社会主義運動の闘士は、どれほど意識的かは別として、プロレタリアの姿を自分に似せて描き上げ、自分自身はたしかに身につけていると言ってよい理想主義と無私無欲の精神を、プロレタリアの特性としているのだ。

そのようなわけで、社会的善を実現し人類の幸福を保証するためには、敵対階級を根絶しさえすればよい、ということになる。そして、虐げられた者ひとりひとりの幸福は敵対階級の根絶にかかっているというわけだから、虐げられている階級のメンバーは皆たいへんな熱意に燃えるのだが、支配階級の方はといえば、こうした熱意をしばしば全く欠いているのだ。ところが、この点こそ、革命派の者たちが、知らぬところ、というか信じようとしないところなのである。彼らは、敵の側にも、彼らが鼓舞されているのと同じ情熱があるものときめてかかり、相手は金持で国が背後に控えており、しかも一七八九年にしかと見定めた通り武器や多くの従者たちや多少とも防備をほどこした城を持っているというわけで、相手の力を過大評価し、大いに懼れたのである。今日となっては、われわれは、一七八九年、フランスのアリストクラート層が己れに迫る危険を察知したのはずいぶんあとのことであり、彼らは、第三身分を粉砕すべく謀議をこらしていると弾劾されたのだが、実際にはそうした行動の準備は何もしていなかったし、宮廷は武力に訴えようと試みた時哀れむべき無能さを露呈した、ということを知っている。従来の歴史家たちが、民衆にあれほど強力な作用を及ぼした「アリストクラートの陰謀」という観念を重視しなかったのは、おそらくはそのためであろう。しかし実際には、この観念こそが多くの事件を解く鍵なのであり、また、宮廷や城館において実際に起こっていた事態を叙述するだけでは十分でなく、さらに一歩を進めて、革命派の者たちが、事態がそうなる、あるいはそうだったと信じたのはどのようにしてかを提示することこそが必要なのだ、ということを示すよい証拠が、ここにこそ見られるのである。そして、こういう観点こそが、集合心性の研究なのだ。

最後に、革命的心性に結びついているいくつかの感性的特徴について付言しておく必要がある。そのもっとも顕著なものは、不安 inquiétude と希望 espérance の二つだと思える。

先に見てきたところから、不安は自ずと説明されよう。当時の民衆が想い描いていたような敵役の姿からいって、民衆の敵については何から何まで懼れる理由があったのだ。一七八九年には、貴族たちは、国王の軍隊や外国勢力、さらには「野盗の群」、つまり失業と凶作のため急増していた放浪者や乞食の力までかりようとしている、と人々は思い込む。七月十四日、バスティーユの守備隊長《グーヴェルヌール》は、一発たりとも銃弾を発することのなかった民衆に対し、さらには市庁舎より派遣され、交渉団のしるしとしての白い旗を掲げていた代表たちに向かって、不意に砲火を浴びせたのだが、この守備隊長の無思慮な行為を、計画的な奸計《かんけい》とみなすことほど当然に思えることはなかったのだ。七月の末になると、この不安は恐怖に変わった。革命期を通じて、不安は猜疑心の形で見出されるのであって、反革命容疑者法(三)も、この不安感から説明されうる。これほどまでの不安は、病的なもので、猜疑心の病いに他ならないとされてきた。革命派の人々が、相手方が抵抗のため隊伍を組もうとしているのではないかと疑うのが正常か否かをここで論ずることはすまい。しかし、次のことは言っておく必要がある。すなわち、一七八九年六月までは、この猜疑心は常軌を逸していたかもしれないと百歩譲って仮定するにしても、宮廷がクーデタを企ててからというものは、猜疑心は全く正当なものとなったのであり、また、その後の数年間にみられたさまざまな陰謀や外国への支援の要請について今日われわれが手にしている情報はすべて、この猜疑心が次第に見当外れなものではなくなっていったことを証しているのである。

この不安感は、決して臆病さではない。もちろん、この気持が多くの人々を引っ込み思案にさせたこと、また、「大恐怖《グランド・プール》」の間に、その不安はしばしばパニックと化したことを否定するなどというのは馬鹿げたことであろう。しかし、要するところ、「大恐怖」といった呼名が付されたのはいたって不適切なことである。現実に、事実の経過をより正確に特徴づけているのは、革命派の民衆が、身を守るため、さらには反撃に出るため、自ら武装するに到る反応の素早さである。都市では、七月十一日ネッケル罷免によって始まった軍事クーデタの知らせは、恐怖を喚び起こしたどころか、逆に怒りの噴出と、国王権力に対抗する、きわめて明確な防衛措置を惹き起こしたのであった。勇気、大胆さ、反撃の精神、それらはもちろん、革命の支持者たちの間に均しくわかたれていたのではなかった。しかし、これらは、革命的心性の究極の姿のうちに、疑う余地なく認められる特性なのである。危険を前にしての階級的連帯感はいっそう拡大する。実際、一七八九年の春以来、疑わしき者に対しては、「第三身分の者か？」という脅迫的誰何《すいか》がなされているのが目につくのである。優位に立った場合には、危険度がより少ないから、懲罰の意志は、当然、もっと拡まる。しかもそれには、憎悪と、復讐の願望が混じり合っているのだ。殺人や城の掠奪、放火はこうして起こる。しかし、このような過激な行為を「犯罪的群衆」の「集合的狂気」に帰するのは、いかにも単純な見方にすぎよう。こうした事例においても、革命的結集体は盲目的なのではなく、自分が悪いなどとは考えてもいない。それどころか、自分たちは事柄の何たるかをわきまえて正当に処罰しているのだと確信しているのである。九月の虐殺者たちですら、ときには裁きの場を整えたりもしたのだった（三）。革命の全過程を通じて「民衆法廷」の考え方が散見される。その組織はいたって簡略なものだったし、少なくともその実施の仕方は、さらに簡略なものであったが、しかし、これは詳しく検討するに値するだろう。民衆法廷の考えは、革命的集合心性、さらには民衆の集合心性一般についても、多くの光を投げかけるであろうことは確かだからである。同様に、農民たちは、もしも封建的諸貢租のことだけが念頭にあったのならば、領主館の証文を廃棄してしまえばすむはずのところを、城館を徹底的に破壊したり火を放ったりしているのだが、これまた決して狂気なのではない。これは、領主にとってきわめて大切な財産、領主権力の象徴であり基盤である財産を打ちこわすことによって、領主を処罰しようという意志なのである。

こうした点よりももっと重要に思えるのは、私が最初から不安感と並べ第一の特徴として挙げておいた希望である。支配階級の悪しき意図が打ち砕かれるや否や、全面的な幸福がただちに成就されるだろう。革命的階級が自らについて描き上げる楽観的なイメージは、すべての困難を排除してしまう。支配階級が消え去りさえすればそれで十分というわけだ。こうした面では、革命的集合心性は明らかにある種の宗派に見られる千年王国主義と親《ちか》しい関係にある。フランス革命もまた、ひとつの「良きお告げ」ということになる。フランス革命が宗教的な発作として受け取られたのは、おそらく、フランス革命が大いなる希望であったからである。もちろん、反論がただちに浮かび上がってくるが、しかし、今述べたような感情が、革命礼拝の根源に働いていたことは確かだと思われる。生まれたばかりの、あるいは、生まれようとする新しい社会は、自己の完璧さを確信し、自らを崇めるのだ。マチエは革命「宗教」の発端の研究を企てた時、デュルケムの考えを当てはめようと試みたが、彼は間違ってはいなかった。すべての革命を通じて、あんなにも多くの叛乱者、兵士、名もなき「闘士」

が身を以て示した無私の精神、自己犠牲の精神――一言にしていえば理想主義――は、少なくともある部分、この希望によって説明されうる[三四]。

革命的心性のこのような感性的特徴が、革命的結集体を集合体から区別するところの行動への指向を説明する。革命期にあっては、人々が祭りのために集まる時、先に定義した「群衆状態」が最初から、何ら外的事件の介入なしに形成される。――そしてこの「状態」は、すでにひとつの行為である。なぜなら、それは新しい社会を実現しようという決意を明確に示しているのだから。人々が明確な意図を持って戦いを挑むために集まるなら、これは革命的結集体の特徴がもっともよく表われた、もっとも純粋な形態である。集合体の革命的結集体への突然の変容は、反対に、感性を覚醒させる外的事件の介入を必要とする。たとえば、市場における買物客と商人との口論、パン屋の店先の行列における血気盛んな男の罵詈雑言、十分の一税徴収人の村への出現、「大恐怖」下における、「野盗」来襲の知らせ。そこからは、つねに、防禦的であれ攻撃的であれ、行動への意志が生まれるだろう。

最後に、これらの特徴は、革命的結集体と社会的事実との関連について、また、集合心性による自発的な制度創出の問題について、光を投げかけてくれる。一般に言われるところでは、革命的心性や革命的結集体は本質的に破壊的なものということになっている。実際、結集体は、その目指す行動が防禦的にせよ攻撃的にせよ、つねに合法性なるものに抵触する。革命的集合心性はと言えば、形成されるや否や、社会的枠組の正当性に異議を申し立て、旧来の指導者の権威を失墜させることによって、社会の枠組を解体させようとするのであるから、一層性質《たち》が悪いということになろう。ところで、すべて制度なるものは、それが正しくかつ有用であるという確信があって初めて存立しうるのであり、その制度を代表する人々が、敬意と信頼を喚び起こす限りにおいてのみ存続しうるものなのである。しかし、ひとはしばしば付け加えるのを忘れているのだが、集合体の突然の変容によって生まれたばかりの結集体は本来組織を欠いているが、合意の上に成り立つ純粋なタイプの自覚的結集体は、反対に枠組と指導者を自ら生み出すものなのだ。七月十四日のあと、革命的民衆は、パリにおいては国民衛兵とディストリクト――のちにはセクシオン――という形で自らを組織した。この国民衛兵の部隊とセクシオンこそ、一七九二年、九三年の蜂起の枠組となったのである。一七八九年七月の騒乱の間、革命派は至るところで、かつての権力機構に代え、彼らの好むところに従ってさまざまな委員会を設けている。しかし、革命運動の創造的な力を理解しようとするなら、まずもって集合心性を手がかりとしなくてはならない。実際、新しい指導者に、不可欠の権威を付与するのは、まさにこの集合心性なのである。集合心性が新たな指導者を必要と認め、彼らに信頼を寄せるのだ。これらの指導者は選挙で選ばれる場合もあるが、憲法制定議会がその比類なき威光と権威を持ちえたのは、他でもない革命的集合心性のおかげである。運動が展開する過程で指導者が頭角を現わし、急速にリーダーの地位につく場合もある。選挙制の場合でも、選ばれようとする者は、しばしば、その活動や演説によって選挙人の注目をひこうと努めることになる。つまるところ、われわれはここで「指導者《ムヌール》」meneur の問題にぶつかるのだ(三五)。本当ならば、この問題だけでも一冊の本が書かれるに値するだろう。この「引き連れて行く者」を意味する《meneur》という表現には、貶《おとし》めるニュアンスが染み込んでしまっている。たしかに指導者《ムヌール》の中には、自分の主義のため、個人的利益ばかりか生命までも犠牲にする無私無欲の理想主義者もいるが、対極には、挑発者や、自分の影響力を利用して金銭的利得を得ようとする者がいることも否定できない。もっと多いのは、うぬぼれからにせよ野心によるにせよ、人目につく役割を演じたいという欲望にとりつかれている連中、あるいはまた、権勢好みの気質から生来人の上に立ちたくてしょうがないといった連中である。ただし、ここで認めておくべきは、指導者《ムヌール》の中には腐敗分子が多数を占めていたという証拠は何も存在しないし、残りの者はといえば、その性格は多くの場合、きわめて複雑だということである。虚栄心が強かったり、野心家だったり、権威を鼻にかけたりする者でも、それだからといって、真面目な信念がないわけではない。影響力を利用して利益を引き出そうとするような男でも、彼が引っ張っていこうとする者たちの思想や情熱とは縁もゆかりもないと、頭から決めてかかるわけにはいかないのだ。指導者《ムヌール》といっても、ごくありきたりの人間なのである。既存の社会秩序を守ろうとする者たちにしても、同じように複合的な動機によって動かされているのであって、無私の精神や公益を守ろうとする熱意が必ずしも優位に立っているわけではない。それどころか、むしろ逆なのだ！　秘められた動機がいかなるものであれ、指導者《ムヌール》たちは、彼らの演説や命令が集合心性に合致している時はじめて耳を傾けてもらえるのである。集合心性こそが彼らに権威を付与するのであって、彼らは与えることが出来てはじめて受け取ることが可能となるのだ。彼らの立場がなかなかむずかしく、その威光がしばしば束の間のものに終わってしまうのはそのためである。というのも、革命的集合心性の基本的な構成要素のひとつが「希望」であるから、もしも事態がこの「希望」を裏切るようなことになれば、指導者《ムヌール》に寄せられていた信頼は消え失せてしまうからである。

革命的運動の創造的な有効性も、集合表象の拡がりや深まりに応じて変わってくる。このことは、食糧不足が原因で生まれる運動を研究してみれば、納得できよう。蜂起した者たちが、彼らの不幸の原因は、彼らが眼の前にしているある商人の貪欲さに他ならないと考えるならば、運動が成功した暁にも、何らかの市場規制か救貧措置をとらせることで満足するだろう。反対に、彼らが、市当局や国王役人も買占人たちと共犯だと信ずるならば、市当局や国王役人の権限を奪って、彼らの望む団体にそれを委ねるといったことも起こりうる。さらにはまた、中央権力そのものに責任ありとし、食糧不足や物価騰貴に終止符を打つためには、価格統制、物資徴発、食糧の国家管理などのさまざまな立法措置が不可欠だということを理解するならば、彼らの叛乱は、ちょうど一七九三年のように、国民経済の全面的な再編をひき起こすこともありうるだろう。さらに付け加えておけば、運動の有効性はまた、その空間的拡がりの函数でもある。それが国民のごく一部の運動に留まるなら、圧倒的多数の反撥、あるいは無気力が、運動を短時日のうちに挫折せしめるだろう。大いなる革命はみな、国土のほとんど全域を捲き込んでいる。それゆえにこそ、革命的党派は統一を求め、反革命の党派や守旧的な党派は、地方割拠主義的であったり連邦主義になったりするのである。まさにこの点に、以下において検討すべく残されている問題のひとつの具体的なあらわれを認めることができよう。すなわち、集合体あるいは結集体の存在そのものが、その密度と拡がりに応じて、個人の心性ならびに集合心性に及ぼす影響の問題がそれである。

## 三　「集合体」ならびに「結集体」の固有の作用

革命的結集体を定義し、その支えとなっている集合心性の形成を説明しようと試みるにあたって、私はこれまで、個々人の心理と心的相互作用しか問題にしてこなかった。これはもちろん、この研究の冒頭でとり上げた集合体の役割が、歴史的見地から言って、大したものではないなどというのではない。実はその正反対なのだ！　革命的集合心性は語らいとプロパガンダによって形成される以上、人と人との直接的な触れ合いをつくり出すものはすべて、集合心性の強化に貢献する。印刷物や集会によるプロパガンダがなお用いられていなかったり、民衆に直接及ぶには至らなかった時代にあっては、集合体が、重要な影響を及ぼしたのは疑いない。しかし、これまで私が述べてきたところでは、集合体において展開する心的作用と、人々が間歇的な交渉によって互いに心的作用を及ぼし合うような、日常的共同生活に見られる心的作用との間に、何の区別も設けられていない。両者は同じ性質のものであり、集合体はただリズムを速めるだけということになる。

今や、こうした見方が現実を十分に捉えているか、また、集合体や結集体はその存在そのものによって、個人に独自の圧力を及ぼすのではないか、と問うべき時が来た。実際、独自の圧力の存することは疑う余地がないのだ。第一に、集合体からは、個人にとってそれに逆らうのは狂気の沙汰だと思わせるような、強大な力の印象が生ずる。強制が集合心性の形成に資するところありとするならば、集合体はその塊《マス》としての力によって、強制力に特別の有効性を与える。さらに言えば、集合体は、人と人との間歇的な関係とは比較にならない強制力を及ぼすのである。集合体の胎内にあって、個人は、単に皆と同じにしていれば一番安心だという順応主義的な気持で行動するというだけではない。従わなければ、仲間の誰かが暴力的な振舞に出るかもしれないといった懼れによってだけ動かされているのでもない。集合体は、それが大きな塊《マス》であるというそのことだけで、まるで、大嵐や荒れ狂う大海原のように、抵抗の意志を無にしてしまうのだ。

革命的集合心性が意識の前面に現われるや否や、集合体は、人々を行動へと促すという意味において、とりわけ有効な作用を及ぼす。共同の力を感じることが、ためらう者にも集合心性を受け入れさせて、そこに集う者を、彼を抑えつけようとする政治的・社会的権威に対し、攻勢に出るよう勇気づけるのだ。集合体も結集体も、数が物を言う存在であって、この数の力を眼で見、手で触れうるものとして示すことにより、力のバランスに数の重みを投入するのである。集合体や結集体の影響は、感情に動かされやすいタイプの人間にはとりわけ強く働く。蜂起に際して、こういう人々の中から突如たぐい稀な大胆さを示す者が出現するのはそのためである。民衆運動の渦中において、それまでのプロパガンダの段階では何ら目立った活動を示しておらず、また、実力行動の終焉とともにその役割が終わってしまうような行動的指導者《ムヌール》が出現するのも、こうして説明される。他方、集合体の内部においては、個々人の責任感覚が弱まったり消滅したりする。こうした現象は、ある程度、自覚されぬ形で起こる。個人が集合心性と一体化すればするほど、彼はその道具と化し、その行為は自律性を失ってしまう。しかし、これが、ある程度意識されていることもありうる。個人は、群衆の中にいれば、識別されることもないだろうし、誰も彼に不利な証言はすまいし、騒擾に加わった者全員を罰することなど不可能だろう、といったことを計算しているわけだ。最後に、来たるべきものを前にしての不安を大いに重視しなければならない。たとえば「大恐怖《グランド・プール》」の場合のように、危険到来の知らせで形成される集合体の場合、そしてまた、危険を伴う行動に出るために組織された決起する結集体の場合にはとりわけそうであるが、メンバーの間に、こころの、そしておそらくはからだの、相互作用が生ずる。その相互作用が、人々の神経を過度に昂ぶらせ、不安をその絶頂にまで高める。こうして彼らは、不安から逃れるために、行動へと急ぐのだ。つまりは、前へ逃げるのである。

最後に、残されたもうひとつの研究方向を指示しておくことにしよう。以上では、結集体と自覚された結集体とをはっきり区別するよう努めてきたが、ここでは、結集体も、ある面では集合体の特性をつねに帯びているということを指摘しておく必要がある。第一に、結集体が形成される時、結集体は、無関心な連中や、濁った水で漁《すなど》ろうと企む不健全な分子、また挑発者といった類いが、その中にまぎれ込んでくるのを妨げることができない。そのために、結集体の均質性は一部損なわれてしまう。集合体ほどではないにしても、それと同じように異質な分子の集まりといった性格が現われる。第二には、空間の形状がまた、結集体にもある種の影響を及ぼす。集合体に対するほど強力とはいえないだろうが、それでも、都市騒擾や農民一揆の打ちこわしの対象は、誰それに対する憎悪、あれこれの権力に対する憎しみといったファクターによってのみ定まるのではない。どこが襲われ、どこが免れるかの分れ目は、集合体の場合と同様に、道が家の前を通っていたからとか、ある城に通じていたからといったことで決まってしまうこともありうるのだ。最後に、行動の伝染の問題がある。これは、人間の集合体のうちに動物的な集合体を見出すことを可能にするものなのだが、この行動の伝染にルボンが付与したような重要性を認めることは論外としても、その作用を頭から排除してしまうことはできないのである。領主の館の打ちこわしや、身体への危害、殺人といった事例において、他人がやっているのにつられて手を下し始める連中がいるという印象を受ける。彼らも、集合心性に加わっていなかったら、おそらくそういうことはしなかったろう。しかし同時に、皆がはっきりした自覚のもとに行動に移ったかどうかも確かではないのだ。それゆえにこそ、手本を示した者の責任はとりわけ大きいといえる。またこんなふうに自問してみることすら可能なのだ。以上において私が、さまざまなタイプに区分しつつ記述を試みてきた現象が生ずる際に、一種の生理的磁気作用 magnétisme physiologique とでも呼ぶべきものが介入しているのではないか、と。集合心性の形成にあたっても、行動への移行にあたっても、また行動の伝染に際しても、この磁気作用がある役割を果たしうるのであって、こうした作用を促すのに、集合体や結集体ほどふさわしいものはないだろう。

群衆という概念のもとに動物と大多数の人間とを同一視するルボンと、全く逆に、群衆のうちに自律的な個人の集まりしか見ようとしない人々との間で、私が中間的な立場をとったことは否定しない。どちらの考え方においても、集合心性が捨象されているという大きな欠陥があるように私には思える。集合心性が、個々人において、人間であることの固有の特質である批判的精神を窒息させる傾向があるという点では、ルボンに同意しよう。しかし、集合心性なるものは、いわば純粋に機械的な仕組で、個人の心性の形成を司るさまざまな作用が介入することなしに、つくり上げられるものだと主張するなら、ルボンのこの考えを認めることはできない。集合心性、それゆえにまた、革命的「群衆」の心性は、動物性《アニマリテ》への回帰ではないのである。

# 訳　注

## 序　論

（一）「大恐怖」と呼ばれるのは、一七八九年夏フランス全土に拡まった農村の騒擾であり、アリストクラートの陰謀に対する恐怖が、農民たちを自衛的な一揆へと駆り立てたところからこの名があるが、ルフェーヴル自身は、農民蜂起の現実から見て、この呼称は適切でないとしている(本訳書四九頁参照)。ここで「試論」と言われているのは、ルフェーヴルが、この報告を行なったのと同じ一九三二年に公刊した『一七八九年の大恐怖』と題する研究である(*La Grande Peur de 1789*, Paris, Armand Colin, 1932 ; nouv. éd., Armand Colin, 1970)。これは「大恐怖」についての最初の包括的研究であり、いまだに凌駕されていない。

（二）ギュスターヴ・ルボン Gustave Le Bon (1841-1931)は、十九世紀末から今世紀初頭にかけて、今日流に言えば社会心理学の領域で活躍した学者であり、日本でも明治末期より紹介・翻訳が行なわれ影響を及ぼした。初め医学を修めたが医者にはならず、外交官としてインドなどに滞在する間に、いわゆる「未開文明」への関心を深め、そこからより広く群衆心理の研究や民族心理の解明へと向かった。ここで取り上げられているのは次の二著である。*Psychologie des foules* (1895) ; *La Révolution française et la psychologie des Révolutions* (1912). 前者『群衆心理』については、大山郁夫訳（一九一〇年、大日本文明協会）、桜井成夫訳（一九四六年、岡倉書房、一九五二年、創元文庫〔一九九三年、講談社学術文庫〕）がある。

(三) ルボンが「感染」について語っているのは、たとえば『群衆心理』第二篇第三章第二節。そこでは指導者の行動手段として、断言 affirmation、反覆 répétition、感染 contagion が挙げられており、指導者の主張は論理的説得によってではなく、断言的に反覆されることにより群衆のうちに感染していくと主張されている。この感染は動物に認められる現象と同じで、「厩にいるある馬の悪癖は、やがて同じ厩の他の馬によって模倣されるし、数頭の羊の怖気や取り乱した行動は、ほどなく群全体に拡まる」が、人間の集団にあっても、「意見や信念が伝播するのは感染作用によるのであって、論理の働きによることはほとんどない。労働者たちの抱く考えは、酒場で、断言・反覆・感染によって形づくられる。いかなる時代の群衆の信念も、別の仕方で形成されたことはまずないのだ」とルボンは言う。

(四) イポリート・テーヌ Hippolyte Taine (1828–93) は、オーギュスト・コントの流れを汲む思想家で、レアリスムや自然主義の文学に大きな影響を与えた文芸批評家であると同時に、大著『現代フランスの起源』*Les origines de la France contemporaine* 全六巻（一八七五—九四年）で知られる歴史家でもあった。この大著の二―四巻はフランス革命に宛てられているが、パリ・コミューンの強い衝撃のもとに書かれたこの著作には、革命期の群衆を、犯罪的行為に走りやすい盲目的群衆として捉える傾向が強く見られる。ルボンは、テーヌの心理分析には理論的把握が欠けていると批判しながらも、オーラールと対比しつつテーヌを高く評価し、その群衆観に強い共感を示している（『フランス革命と革命の心理学』第二部第一篇第一章）。テーヌが、環境《ミリウ》・時代《モマン》と並んで人種《ラース》を重視していたことも、文明を人種《ラース》と結びつけて捉えようとしたルボンに通じるものがあると言えよう。

(五)　たとえば、ウェーバーの立場からする「群衆」観についての、作田啓一氏による指摘を参照――「群衆の中の個人は暗示にかかりやすく、普通の日常生活の中での彼であるならば、とても行なうはずがない判断に身をまかせたり、またこのような判断の上に立った非合理的な行為を行なったりする。彼の行なう行為の型は、マックス・ウェーバーによる行為の類型論に従うと、目的合理的行為でも価値合理的行為でもなく、そしてまた伝統的行為でもなくて、感情的行為と呼ばれるものである。感情的行為は非合理的行為であるから了解しにくく、また伝統的行為のようにパタン化されていないから、社会学が扱う中心的な領域ではない、とウェーバーは考えた。したがって群衆は社会学とは無縁のものであるか、あるいはせいぜいその周辺に位置をもつにすぎない」（「ロマン主義を超えて」三七頁。「訳者解説」の文献リスト参照）。

(六) ここで用いられている「群衆」「結集体」の概念については、本論文第一節を参照。ルフェーヴルは、「群衆」の集団としての結合度を、意識化の度合と組織性の面から、次の三段階に区分する。(1)単なる「集合体」agrégat(これは「純粋状態の群衆」とも呼ばれている)。(2)「半意識的集合体」agrégat semi-volontaire。(3)「結集体」rassemblement。

(七) ここに挙げられているのは、革命政府成立以後の代表的な示威運動・祝祭である(巻末の「フランス革命史略年表」を参照)。これらの 示威運動の具体的な経過については、George Rudé, *The Crowd in the French Revolution*, Oxford U. P., 1959(前川・野口・服部訳『フランス革命と群衆』ミネルヴァ書房、一九六三年〔新装版一九九六年〕)第二章第七節・第八節において詳しく分析されている。最後に挙げられている共和暦第二年草月二十日の祭典は、いわゆる「最高存在の祭典」であるが、この日付は、グレゴリウス暦の一七九四年六月八日に当たる。共和暦(または革命暦)は、一七九三年十月に制定され、共和政が布告された一七九二年九月二十二日に遡って適用された。一八〇六年一月一日より、再びグレゴリウス暦に復帰する。革命期の主だった事件の日付は、共和暦で言われることが多い。共和暦とグレゴリウス暦の対照については、巻末に付した「対照表」を参照。

(八) 一七八九年全国三部会への代議員選出のための行政区画として、同年四月十三日の政令でパリは六十のディストリクト district に分けられたが、一七九〇年五月のパリ市組織法の成立に伴い、この区画は四十八のセクシオン section に改編された。本来は行政区画として設けられたこのセクシオンが、革命情勢の進展に伴い民衆運動の拠点としての性格を強め、サン・キュロット運動の基盤となる(柴田三千雄『バブーフの陰謀』岩波書店、一九六八年、三四―三六頁参照)。

国民衛兵 la garde nationale は、一七八九年七月、情勢の切迫を前にして、パリを始め諸都市に自治的防衛組織として結成されたものだが、革命期の民衆蜂起に際しては、しばしばその中心的な担い手となった。たとえば、一七九二年六月二十日、パリ民衆のテュイルリー宮殿への示威に際しても、フォブール・サン・タントワーヌ、フォブール・サン・マルセル、ゴブランの三つのセクシオンからやって来た民衆の中心には、商店主や親方層を主体とする国民衛兵がいた(リュデ『フランス革命と群衆』前掲訳書、一四一―一四二頁参照)。

(九)　パレ・ロワイヤルは、現在のコメディ・フランセーズの北隣りにある館であるが、十七世紀にリシュリー枢機卿が建造させたもので、彼の死とともにルイ十三世に遺贈され、パレ・ロワイヤル(王宮)と呼ばれるようになった。その後、ルイ十四世が王弟フィリップ・ドルレアンに贈り、以後オルレアン家の館となった。革命期、館の主は、自由主義的見解の持主として知られ、のちに「平等公」と呼ばれることになるオルレアン公フィリップであり、パレ・ロワイヤルの広い中庭は、パリ市民の恰好の集会場となっていた。八九年七月十二日前後のパレ・ロワイヤルの状況については、レチフ・ド・ラ・ブルトンヌの鮮やかな描写がある(Rétif de La Bretonne, *Les nuits de Paris*, 1788-94. 植田祐次訳『パリの夜』現代思潮社、一九六九年、一五七頁以下〔岩波文庫、一九八八年、一二六頁以下〕)。

(一〇) ヴェルサイユへの行進。一七八九年十月五日の早朝、中央市場とフォブール・サン・タントワーヌで、パンをよこせと叫ぶ女性たちの騒擾が始まる。騒ぎは雪だるま式に拡まって、市庁舎へと向かうが、これでは埒があかないとみるや、六、七千人にものぼる女たちはヴェルサイユへと向かい、翌六日には国王一家をパリへ連れ戻してしまう。この時先頭に立たされたのが、マイヤール Stanislas Maillard (1763-94) であった。詳しい経過については、リュデ『フランス革命と群衆』(前掲訳書) 一〇四―一一一頁を参照。

(一一) ブルゴーニュ地方の南部、マコンの北西十四キロメートルのイジェ村では、かねてより村人たちが、領主が村の泉を囲い込んで使えなくしてしまったことに腹を立て、泉の返還を要求していたのだが、七月二十六日の日曜日、ミサのあとに突然実力行動に出て、泉の柵をこわし隣接する納屋も打ちこわしてしまう。そのあと領主の館に押しかけるのだが、領主が姿をくらましてしまったので、館を徹底的に掠奪した。この事件がきっかけになって、マコン地方に農民の蜂起が拡まってゆく(G. Lefebvre, *La Grande Peur de 1789*, pp. 136-138)。

(一二) 「大恐怖」については、ルフェーヴル『一七八九年』(高橋・柴田・遅塚訳、岩波書店、一九七五年）二〇四―二一〇頁（岩波文庫、一九九八年、二四八―二五五頁）に要をえた叙述が見られる。「大恐怖」伝播の状況については、巻末に付した「大恐怖の伝播経路」の地図を参照。

## 第一節

（一三）アルブヴァクス Maurice Halbwachs (1877-1945) は、知識社会学や社会形態学の領域ですぐれた研究を遺したフランスの社会学者である。ストラスブール大学からソルボンヌへ移り、さらにコレージュ・ド・フランスの教授になったが、占領下ゲシュタポに逮捕され、収容所に送られて命を落した。ルフェーヴルは、ストラスブール時代より同僚として親しい交友関係にあり、この論文の準備の過程でも、アルブヴァクスから多くの示唆をえたと記している。ここに引用されている著書と並んで、*Les cadres sociaux de la mémoire* (Paris, 1925) もすぐれた業績であり、本論文におけるルフェーヴルの主張と重なり合うところが多い。

（一四）デュルケム Emile Durkheim (1858-1917) は、フランス社会学に真の学問的基礎を与えただけでなく、一八九八年に創刊した『社会学年報』*L'Année sociologique* を通じて、歴史学を始めフランスの人間科学全体に大きな影響を与えた。ここでルフェーヴルが取り上げているのは、主著のひとつ『自殺論』（一八九七年）であり、デュルケムはこの箇所で、タルドやルボンの

「模倣説」の批判を行なっている。

なお、ここに挙げられているボーン Georges Bohn は生物学者で、パリ大学の教授であった。一九三二年の「第四回綜合研究国際討論週間」においては、全体の序論として、ルフェーヴルの報告に先立ち五月十七日に、動物の群に見られる「付和雷同性」についての報告を行なった。

(一五) フランスは耕地形態から見ると、「開放耕地制」の地方と「囲い込み耕地制」の地方とに大別される。開放耕地制の地方(北東部および南部)では、村落内の耕地はいくつかの耕圃に区分され、三圃制の地域では冬麦→春麦→休耕の順に、二圃制の地域では冬麦→休耕の順に輪作を行なう。慣習法や小作契約などでこの輪作を義務づけていることが多く、このような慣行を「輪作強制」と呼ぶ。各農家の経営地は、かなりの数の地条に分かれ、それらは村内のいくつかの耕圃に散在している。個々の地条には囲いはない。それゆえ、耕耘・播種・収穫などの農作業は共同で行なわれ、羊などの飼育も共同放牧である。これに対し、囲い込み耕地制の地方(西部および中央山地の一部)では、農家の経営地は何カ所かにまとまり囲い込まれていることが多く、共同作業を必要とする機会は少ない。以上の点については、Marc Bloch, *Les caractères originaux de l'histoire rurale française*, Paris et Oslo, 1931(河野健二他訳『フランス農村史の基本性格』創文社、一九五九年)第二章に詳しい。

耕地形態だけではなく定住様式においても両地域は対照的で、開放耕地制にあっては集村の形をとることが多いのに対し、囲い込み地方では散居制が一般的である。当然のこととして、両者のあいだでは、農村における共同体のあり方が大きく異なってくる。このような耕地形状や定住様式と社会的結合関係との関連については、Jean-Pierre Gutton, *La sociabilité villageoise dans l'ancienne France*, Paris, Hachette, 1979 が多くの示唆を与えてくれる。

（一六）ミサのあとの寄合いや居酒屋での語らいが民衆の集合心性形成に果たした大きな役割は、今日、民衆運動史研究や、より広く社会史研究において、あらためて注目を惹いている論点である。たとえば、木下賢一「第二帝政末期のパリの公開集会」(『史学雑誌』八六―七、一九七七年七月)、喜安朗「労働者の生活圏と労働運動」(『思想』六四五号、一九七八年三月)などにおける酒場の役割重視などを参照。

（一七）絶対王権は、生活必需品の中でももっとも重要な穀物の取引に関しては、とりわけ厳しい規制を設け、穀物は必ず公開の週市において販売するよう定めていた。農民たちはそれゆえ、近在の市場町で週に一度か二度開かれる市に出掛けて穀物を売り、ついでに必要な買物をして帰る慣わしであった。十八世紀の後半になると、重農主義者の主張もあり、商人や富農層からの要求もあって、国王政府も次第に穀物取引の自由化を試み始める。本文でも指摘されているように、一七六三―六四年に続き、一七七四年、一七八七年に、穀物取引の自由を認める王令が出されている。それにもかかわらず農民たちは相変らず週市へ出掛けて行った。彼らにとって市は、単に穀物を売るだけの場ではなかったからである。アンシアン・レジーム下の穀物取引の規制については、柴田三千雄『フランス絶対王政論』(御茶の水書房、一九六〇年)九八―一〇七頁を参照。

(一八) この箇所の原文“C'est une des raisons pour lesquelles les paysans tenaient tant à la messe.”という一節は、『報告集』のテクストにはあって『フランス革命史年報』掲載のテクストにはないものであるが、前後の文脈から入っている方が自然と思われるので、加えて訳出した。

(一九) アーサー・ヤング Arthur Young (1741-1820) はイギリスの農学者だが、一七八七年から九〇年にかけて三回にわたりフランスを訪れ、鋭い観察眼により類い稀な旅行記を残した。*Travels, during the Years, 1787, 1788 and 1789: Undertaken more particularly with a view of ascertaining the Cultivation, Wealth Resources and National Prosperity of the Kingdom of France*, Bury St. Edmond's, 1792. ルフェーヴルがここに記している通りの記述は旅行記中に見当たらないが、一七八八年八月九日の項に、収穫で忙しい季節にもかかわらず農民たちが週市に大挙して出掛けて行く情景が描かれており、ルフェーヴルはおそらくこの箇所を念頭において、本文のように記したのであろう。

(二〇) 村祭りは、村の教会の守護聖人の祝日などに合わせて、収穫を祝って開かれることが多かったが、屋台の店が出たり小屋掛けの芝居が出されたりで賑やかな催しであった。祭りを目当てに行商人や流れ者が集まり、村の若者がしばしばどんちゃん騒ぎを演ずるので、聖なる祝日にふさわしくないとして教会からは弾劾され、また村人の不穏な寄合いの機会ともなったため、世俗権力によっても規制されるようになったが、長い伝統を持つ祭りは容易には消滅しなかった。祭りと叛乱の密接な関係については、ベルセのすぐれた研究がある。Yves-Marie Bercé, *Fête et Révolte. Des mentalités populaires du XVI^e au XVIII^e siècle*, Paris, Hachette, 1976（井上幸治監訳『祭りと叛乱』新評論、一九八〇年〔藤原書店、一九九二年〕）。

ここに挙げられているクレーシュ村は、マコンの南八キロメートルほどの、ボージョレ地方の村であるが、一七八九年七月二十六日の日曜に開かれた「村祭り」の際に、秘かに村人たちの寄合いが開かれ、それが一揆への導火線となった（G. Lefebvre, *La Grande Peur de 1789*, p. 138）。

（一二）　一七八九年の二月から三月にかけて、全国三部会への代議員の選出と陳情書作成のための集会が、王国の全域で開かれる。この集会は、農村では村（小教区）ごとに開催され、バイイ管区全体の選挙集会へ派遣するための代議員を、一〇〇戸につき二名の割合で選出すると同時に、村ごとの陳情書を作成した。村の集会は領主裁判所の裁判官が主宰することが多かったから、村人たちがはたして胸のうちを思うままに吐き出したかどうかは問題だが、それでも農民たちの身近な問題が真剣に論じられた様子が陳情書から窺える。三部会のための集会については、ルフェーヴルの『一七八九年』(前掲訳書)八二―一〇一頁〔岩波文庫一一九―一三九頁〕を参照。

全国三部会は、八九年五月五日、ヴェルサイユに召集されるが、投票方式をめぐって三身分の意見は一致せず、やがて第三身分の代議員を中心に「国民議会」の結成が宣言され、革命への途を辿ることになる。この間、ヴェルサイユの状況は刻々と全国津々浦々へ伝えられていた。パリでは、好奇心の強い連中が毎日のようにヴェルサイユへ出掛けてニュースを持ち帰り、町のキャフェやパレ・ロワイヤルの中庭で、論議の輪が拡まった。地方には、第三身分の代議員や地方から特別にヴェルサイユへ派遣されて来ていた情報係が、次々とニュースを送っていた。手紙は大抵公開の場で朗読されたのだが、郵便馬車が着くと人々は四方八方から駆けつけたと言う。ブルターニュ地方のレンヌの町では、手紙の朗読を聞くためあまりに大勢が集まるので、集会場を補強する必要があったほどである。このようなコミュニケーションのあり方が、革命の地方への波及に大きく与っていたと言えよう。レンヌの市民も、七月十六日には、公金庫を差し押え、民兵を組織し、さらには武器を奪う行動に立ち上がっている(ルフェーヴル『一七八九年』(前掲訳書)一一九―一三〇頁、一六八頁〔岩波文庫一六九―一七〇頁、二一一〇頁〕参照)。

## 第二節

(一二)　ここで言う「アリストクラート層」aristocratie とは、政治的・社会的な支配階層を指している。身分的には貴族と聖職者を主とするが、上層ブルジョワも含まれうるのであり、貴族身分 noblesse が即アリストクラート層というわけではない。また、聖職者身分ではあっても、小教区の司祭など下位聖職者はアリストクラート層には含まれない。ルフェーヴルのこの用語法はトクヴィルにも共通するものだが、『一七八九年』の場合にもこの概念が用いられている(前掲訳書四頁〔岩波文庫三三頁〕の訳者注を参照)。

(一三)　アンシアン・レジーム下の農村では、畑仕事を終えた一家は、夕食をすませると、近所の家の暖炉のある部屋とか納屋とかに集まり、女たちは手仕事をし、男どもも農具の修繕などをしながら、老人の話に耳を傾けるのが慣わしであった。このような集まりを「夜の集《つど》い」la veillée と呼ぶが、村人の集合的記憶の形成に大きな役割を果たしていた。エルマンノ・オルミ監督のイタリア映画「木靴の樹」L'albero degli zoccoli(一九七八年)は、十九世紀末の北イタリア農村を舞台にした作品だが、ある分益小作農場に住む四家族の「夜の集い」を見事に描いていた。

(一四)　一揆の指導者が、「義民伝」の形をとって村や地方の集合的記憶のうちに生き続けるのも、このようにしてである。一六七五年バス・ブルターニュ地方に起こった「印紙税一揆」(またの名「赤帽子の乱」)や、セヴェンヌ地方を舞台とした「カミザールの乱」(一七〇二—〇五年)の記憶がいまだに生々しいのも、口伝えの伝承によるところが大きい(Pierre-Jakez Hélias, *Les autres et les miens* , Paris, Plon, 1977 ; Philippe Joutard, *La légende des Camisards. Une sensibilité au passé*, Paris, Gallimard, 1977)。

(二五) 民衆蜂起において、情報の歪曲、さらには偽りの情報が果たす役割はきわめて大きい。「大恐怖」はまさにその典型的な例であり、かつてリュシアン・フェーヴルは、ルフェーヴルの『一七八九年の大恐怖』を書評するにあたり、「巨大な誤報」と題した(Lucien Febvre, Une gigantesque fausse nouvelle : la Grande Peur de juillet 1789, *Revue de Synthèse*, V-1, 1933)。一六七五年の「印紙税一揆」においても、塩税導入という誤った噂が、バス・ブルターニュの村々に武器を取らせたのであった(二宮宏之「「印紙税一揆」覚え書」岡田与好編『近代革命の研究』上巻、東京大学出版会、一九七三年、所収(二宮宏之『フランス アンシアン・レジーム論』岩波書店、二〇〇七年))。ここで重要なのは、デマや噂が、単なる誤報に留まらず、集合心性に合致することによって、あれほどに広く拡まったという事実である。

(二六) 印刷物の果たした役割は、たしかに限定して捉えなくてはならない。十八世紀末のフランスでは、依然識字率は低かったからである。この点パリは例外的で、革命前夜の識字率(この場合自分の名を署名できる者の比率)は、男で九〇パーセント、女で八〇パーセント程度とみなされている(Daniel Roche, *Le peuple de Paris. Essai sur la culture populaire au XVIII*^e^ *siècle*,

Paris, Aubier-Montaigne, 1982, p. 206)。しかし農村ではもちろんこの比率ははるかに低い。北東部フランスでは、男は六〇パーセント以上、女でも三〇パーセントを超えているが、中部・南部・西部フランスでは、男でも四〇パーセント以下、女では二〇パーセントを切るところが多い(François Furet et Jacques Ozouf, *Lire et écrire. L'alphabétisation des Français de Calvin à Jules Ferry*, 2 vol., Paris, Ed. de Minuit, 1977, t. I, p. 60)。ただし、新聞にせよ三部会代議員からの手紙にせよ、しばしばそれが大勢の前で朗読されているように、書かれたものないし印刷されたものは語られるものに転化しており、文字文化の果たす役割はこのような口承文化とのかかわりの中で捉えねばならないだろう。

(二七)「ナポレオン伝説」は、皇帝自身や側近たち、またボナパルト支持の文学者たちにより意識的に創り出された面もあるが、これとは別に、ナポレオンを崇め追慕する伝承が、とくに王政復古期に、農民の間で受け継がれていった。これがボナパルト派を支える心理的基盤となり、ナポレオン三世の登場を促す底流ともなるのだが、このような伝説的ナポレオン像を拡めるのに力があったのは、民衆の間で好んで受け入れられた暦やエピナル刷絵、歌謡などである。暦には、単に月日や曜日だけではなく、もろもろの吉凶判断や十二宮の運命占いと並んで、英雄のエピソードなども収録されていた。エピナル刷絵とは、ヴォージュ山中の町エピナルで十八世紀以来盛んになった民衆向の刷絵本や一枚刷絵で、絵を中心とした物語や英雄伝説などが、大いにもてはやされた。

（二八） ここに引用されているのも、注（一九）に示したアーサー・ヤングの旅行記。ヤングは一七八九年六月から九〇年一月までの第三回目のフランス旅行の最中に、革命の勃発に出くわした。この記述は、彼が八九年七月、フランス東部のフランシュ・コンテ地方を旅していた時の逸話で、旅行記の七月二十六日の項に見られる。ルフェーヴルはこれを、リール・シュール・ル・ドゥでの出来事としているが、ヤングの記述では、リールに着く前に通った小さな町でのことである。

（二九） 革命期を通じて、民衆の集合心性は、「アリストクラートの陰謀」という観念によって支配されていたと言っても過言ではないが、この点については、ルフェーヴル『一七八九年』（前掲訳書）一三六—一四八頁（岩波文庫一七六—一八九頁）を参照。

（三〇） この箇所の原文は、『フランス革命史年報』掲載のテクストでは、"on a rattaché la disette au «complot aristocratique», les adversaires du Tiers l'ayant organisé pour le punir de sa rébellion."となっているが、『報告集』のテクストでは"organisée"となっており、ここでは文脈に従い、後者に拠って訳出した。

（三一） フーロン Joseph-François Foulon [ou Foullon] (1717-89) は、財務監督官 intendant des finances から国務評定官 conseiller d'Etat となり、ネッケル罷免後のブルトゥーイ内閣では、

陸軍卿を補佐する地位にあった。その娘婿がベルチエ Louis-Bénigne-François Bertier de Sauvigny (1737-89) で、パリ地方の行政の総元締である地方長官 intendant de la généralité de Paris の職にあった。二人とも、首都周辺に集結した国王軍への食糧確保の任に当たっていたが、そのことから食糧隠匿の嫌疑をかけられ、バスティーユ襲撃のあと危険を感じて身を隠すが、発見されてパリに引き戻され、七月二十二日、市庁舎前のグレーヴ広場で処刑された。フーロン、ベルチエの逮捕・処刑の状況は、レチフにより克明に描かれている(レチフ・ド・ラ・ブルトンヌ『パリの夜』植田訳一八〇―一九〇頁(岩波文庫一四九―一五九頁))。

(三二)　「反革命容疑者法」は、一七九三年九月十七日国民公会により採択され、革命政府による反対派粛清に法的根拠を与えた。恐怖政治をとりまく心的風土をもっともよく示すものと言ってよい。

(三三)　一七九二年九月二日から六日にかけて、反革命の容疑で拘留されていた王党派の者や宣誓を拒否した聖職者たちが、パリ民衆により人民裁判の形で処刑された。その数は一一〇〇―一四〇〇人に達したと言う。この事件を「九月の虐殺」と呼ぶ。詳しくは、リュデ『フランス革命と群衆』(前掲訳書)一五二―一五七頁参照。

(三四)　マチエ Albert Mathiez (1874-1932) は、ルフェーヴルと並んで、今日のフランス革命史研究に大きな業績を遺した歴史家であり、彼の手になる革命史の概説 *La Révolution française*

(Collection Armand Colin), 3 vol., Paris, 1922-27 には日本訳もあってよく知られているところだが(ねづ・まさし、市原豊太訳『フランス大革命』全三冊、一九八九年、岩波文庫)、ここで取り上げられているのは、マチエの初期の作品 *Les origines des cultes révolutionnaires*, Paris, 1904 で、デュルケムの影響が色濃く見られる研究である。

(三五) ここでルフェーヴルが想起しているのは、民衆運動がその内部から生み出したリーダーたち、革命史全体の中で言えばサブ・リーダーの問題である。このようなリーダーについては、ルボンも大いに重視して論じており(『群衆心理』第二篇第三章)、ルフェーヴルの主張はこの点でもルボン批判となっている。民衆運動におけるリーダーの役割は、最近の研究でも一層その重要性が注目されるところとなっているが、この点については、柴田三千雄『バブーフの陰謀』第一章の指摘を参照。

# 訳者解説

## 一

民衆が歴史をつくるという。しかし、ただ集まっただけの群衆は烏合の衆にすぎず、歴史を動かす力とはなりえない。そうかといって、指導者が上から意図的に組織した集団も、真の力とはなりえないだろう。日常の生活の場に根ざしながら、しかもそれを超える真の「革命的群衆」は、どのように形成されるのか。「集合心性」を手がかりにこの問題に迫ろうとしたのが、ここに訳出したジョルジュ・ルフェーヴルの論文である。このテクストは、一九三二年に、アンリ・ベールの主宰する「綜合研究国際センター」が企劃した「群衆」を共通テーマとする討論集会において、ルフェーヴルが行なった分担報告であり、民衆運動研究の古典として評価の高いものであるが、その見透すところは広くかつ深く、単に研究史上の古典というに留まるものではない。

今日これを読み返す読者は、おそらく、著者の視点の持つ「今日性」actualité に驚かれるであろう。内外において民衆運動史への関心が高まっている現在、この論文の示唆するところは多大と思われる。

ジョルジュ・ルフェーヴル Georges Lefebvre（一八七四―一九五九）は、まことに《grand maître》と呼ばれるにふさわしい、たいへんにスケールの大きい歴史家であった。単に学識の豊かさとか視野の広さとかいったことではなく、その人間としての包容力の大きさにおいて、大歴史家であったと言ってよい。ルフェーヴルは、同じく今世紀のフランス歴史学を代表する存在であるリュシアン・フェーヴル Lucien Febvre（一八七八―一九五六）やマルク・ブロック Marc Bloch（一八八六―一九四四）とはまた異なった、独特の風格を持っていた。独特なエートスを持っていたと言ってもよい。それには、フェーヴルやブロックがエリート中のエリートの出身であったのに対し、ルフェーヴルが地方の庶民の出であったということも、かかわっているかもしれない。

ルフェーヴルは一八七四年に、ベルギーとの国境に近いリールに生まれているが、父親は商店の雇い人であり、母親の一家も辛苦の生活を強いられていたという。彼自

ジョルジュ・ルフェーヴル

身、学生生活はずっと給費生として送っていた。そして大学も、フェーヴルやブロックが「知的エリートの温床」といわれるエコール・ノルマル・シュペリウールに学んでいるのに、ルフェーヴルは普通の大学、それも地方のリール大学の出身であった。つまるところルフェーヴルは、パリに集う知的エリートの一員として育たなかったことにより、彼らにはない何物かをしかと身につけることになったと言えようか。彼が学位論文で、革命期ノール県の農村社会の精緻な分析を果たし、「大恐怖」の名で知られる一七八九年夏の農村騒擾の研究に一書を捧げたのも、単なる知的興味や理論的関心のみによるものでなかったことは明白である。このことが、ルフェーヴルの民衆史研究に、余人の追随を許さないずっしりとした重味を与えている。

リセの教師をしながら、一九二四年、大部の学位論文『フランス革命下のノール県農民』*Les paysans du Nord pendant la Révolution française* を提出して学位をえたルフェーヴルは、クレルモン＝フェラン大学を経て、一九二八年ストラスブール大学に赴任する。その後一九三五年にソルボンヌに招かれ、二年のちの三七年からは、サニャックのあとを襲ってフランス革命史講座の担当教授となった。この間、ストラスブール大学では、フェーヴルやブロックと同僚となるが、パリに移ってからも、一九三三年コレージュ・ド・フランスに移ったフェーヴル、三七年ソルボンヌの経済史講座の教授となったブロックと親しく交わり、ともに現代フランス歴史学の中心的存在として活躍することになった。

他方ルフェーヴルは、一九三二年急逝したアルベール・マチエ Albert Mathiez（一八七四—一九三二）に代って、革命史研究の中心的組織である「ロベスピエール研究協会」Société des Etudes Robespierristes の会長となり、その機関誌『フランス革命史年報』*Annales historiques de la Révolution française* の編集責任者ともなって、以後一九五九年八十六歳の高齢で倒れるまでフランス革命史を中心として実に大きな仕事をわれわれに遺してくれたのであった。

ここでルフェーヴルの著作の主だったものを挙げておけば、次の通りである。

— *Documents relatifs à l'histoire des subsistances dans le district de Bergues pendant la Révolution* (*1788-an IV*), 2 vol., Lille, 1914-1921.

— *Les paysans du Nord pendant la Révolution française*, Lille, 1924 ; Réimpression, Paris, 1972.

— *Questions agraires au temps de la Terreur*, Strasbourg, 1932 ; 2$^{e}$ éd., La Roche-sur-Yon, 1954.

— *La Grande Peur de 1789*, Paris, 1932 ; nouv. éd., Paris, 1970.

— *Cherbourg à la fin de l'Ancien Régime et au début de la Révolution*, Caen, 1965.

— *Etudes orléanaises*, 2 vol., Paris, 1962-1963.

— *La Révolution française* (Coll. "Peuples et Civilisations", XIII), en collaboration avec R. Guyot et Ph. Sagnac, Paris, 1930 ; nouvelle rédaction par G. Lefebvre seul, Paris, 1951 ; 6$^{e}$ éd., Paris, 1968.

— *Napoléon* (Coll. "Peuples et Civilisations", XIV), Paris, 1936 ; 6$^{e}$ éd., Paris, 1969.

— *Les Thermidoriens* (Coll. Armand Colin), Paris, 1937 ; 2$^{e}$ éd., Paris, 1947.

— *Le Directoire* (Coll. Armand Colin), Paris, 1946 ; 2$^{e}$ éd., Paris, 1950.

— *Quatre-vingt-neuf*, Paris, 1939 ; nouvelle édition, Paris, 1970.（高橋幸八郎・柴田三千雄・遅塚忠躬訳『一七八九年——フランス革命序論』岩波書店、一九七五年〔岩波文庫、一九九八年〕）

— *Etudes sur la Révolution française* (Recueil d'articles), Paris, 1954 ; 2e éd., Paris, 1963. ここにフランス革命に関するルフェーヴルの主要論文十九篇が収録されているが、そのうち次の二篇 "La Révolution française et les paysans", "Sur la pensée politique de Robespierre" は、柴田三千雄氏により訳出されている（『フランス革命と農民』未来社、一九五六年）。なお、今回訳出した "Foules révolutionnaires" も、この論文集に収められている。

— *La naissance de l'historiographie moderne* (Coll. "Nouvelle Bibliothèque Scientifique"), Paris, 1971.

— *Réflexions sur l'histoire* (Coll. Textes à l'appui), Paris, 1978. ここには、ルフェーヴルの歴史論二十一篇が収められている。

— *La France sous le Directoire, 1795-1799*, Paris, 1978.

ジョルジュ・ルフェーヴルの生涯とその歴史学については、親しくルフェーヴルに学ばれた高橋幸八郎氏が、前掲邦訳書『一七八九年』に付された序文に詳しいので御参照いただきたい。同時にまた、*Annales historiques de la Révolution française* のジョルジュ・ルフェーヴル追悼号(n° 159, janvier-mars 1960)所収のアルベール・ソブールの寄稿、*Past & Present*, n° 18 (November 1960) 所収のリチャード・コッブの回想も恩師ルフェーヴルの相貌を生き生きと描き出した出色の文章である。

なお、ルフェーヴルの全業績については、詳細なカタログが刊行されており(James Friguglietti, *Bibliographie de Georges Lefebvre*, Société des Etudes Robespierristes, 1972)、その厖大な書評のリストからも、ルフェーヴルの関心の広さが推測され興味深い。

## 二

ルフェーヴルの仕事には、大きく言って二つの系列があったように思われる。一つは、革命期フランスの農業・土地問題研究の系列であり、他方は、農民一揆を中心とした革命期の民衆運動研究の系列である。一方は歴史の基本である社会構造の分析であり、他方は歴史をつくり出す人間の行動の問題ということもできようか。ルフェーヴルの歴史学においては、この両面が内奥において緊密に結び合っているところに特徴があり、邦訳されている前記『一七八九年――フランス革命序論』は、その見事な達成と言ってよい。

さて、ここに訳出した論文「革命的群衆」Foules révolutionnaires は、同じ一九三二年に発表された『一七八九年の大恐怖』*La Grande Peur de 1789* と並んで、第二の系列のもっとも重要な研究である。一七八九年夏「アリストクラートの陰謀」の噂を引き金として全国に拡まった農民騒擾を詳細に分析した『一七八九年の大恐怖』については、リュシアン・フェーヴルがただちに書評の筆をとり、この研究が集合心性の研究において類い稀な成果を挙げたことを讃えた("Une gigantesque fausse nouvelle : la Grande Peur de juillet 1789", *Revue de Synthèse*, V-1, 1933)。最近もまた、同書の英訳版刊行に際し序文を寄せたジョージ・リュデが、この研究の重要性を強調して次のように述べている。「『大恐怖』は、著者の学問と思索における成熟を如実に示した著作であり、専門の歴史家としての長い経歴を通じルフェーヴルがわれわれに残してくれた数多くの研究の中でも、多くの点で、もっとも独自なものである」と(G. Lefebvre, *The Great Fear of 1789. Rural Panic in Revolutionary France*, London, New Left Books, 1973. Introduction by George Rudé)。

「革命的群衆」をめぐっての報告は、この「大恐怖」研究に対し、いわば方法論的序説ともいうべき位置を占めている。ここでも具体例は主としてフランス革命に求められているものの、その狙いは、より広く歴史における民衆運動のありようを探り、その分析視角を提示することに置かれていた。ギュスターヴ・ルボン Gustave Le Bon の群衆概念を批判する形で展開されているこの報告は、社会心理学や宗教社会学、さらに今日の学問領域でいえば、行動社会学や文化人類学の分析視角を援用しつつ、実に的確に、民衆運動研究の核心を突いているのである。実際、民衆運動の自発性 spontanéité や自律性 autonomie の指摘といい、大衆とリーダーの関係の分析といい、民衆運動において祭りや集合的記憶の果たす役割の重視といい、現在社会運動史研究が主要テーマとして取り上げているほとんどの問題が、すでにこの一九三二年の報告において的確に指摘されているのを見ると、ルフェーヴルの歴史的感覚の豊かさ、鋭さに脱帽せざるを得ないのである。

「革命的群衆」が書かれるきっかけとなったのは、先述の通り「綜合研究国際センター」Centre international de synthèse が開催した第四回討論集会であったが、ここでその主宰者アンリ・ベール Henri Berr（一八六三―一九五四）について、簡単に触れておくことにしたい。ベールは、今世紀におけるフランス歴史学の革新に大きな役割を演じた異色の哲学者であって、このベールとジョルジュ・ルフェーヴルとの邂逅は、この時期の歴史学の状況を理解するにあたり、きわめて示唆的だからである。

十九世紀に支配的な地位を確立した「実証主義」の歴史に対しては、世紀の末葉より次第に批判が強まり、人間科学のさまざまな領域で、新たな学問の胎動が見られた。ヴィダル＝ド＝ラ＝ブラーシュ Paul Vidal de La Blache を中心とする新しい人文地理学の拠点となった『地理学年報』*Annales de géographie*（一八九一年創刊）や、デュルケム Emile Durkheim の主宰する戦闘的な『社会学年報』*L'Année sociologique*（一八九八年創刊）は、そのような動きを代表するものだが、歴史学固有の領域で伝統的歴史への批判を展開したのが、アンリ・ベールであった。ベールは、一八九八年に出版した学位論文『哲学の将来――歴史に立脚した諸知識綜合の試み』*L'Avenir de la philosophie : esquisse d'une synthèse des connaissances fondée sur l'histoire* において、綜合的把握の重要性を強調し、個別的事象の羅列に終始する「実証主義」歴史学への批判を強めていたが、一九〇〇年には『歴史綜合雑誌』*Revue de synthèse historique* を創刊し、新しい歴史学の樹立を提唱したのであった。その名の示す通り、さまざまな学問分野の交流を通じて全体を捉える視点の回復を目指すこの雑誌には、歴史家ばかりでなく、社会学者や人文地理学者らの寄稿を求め、活発な論議の場となったのである。デュルケム派の社会学者フランソワ・シミアン François Simiand が、「歴史的方法と社会科学」Méthode historique et science sociale を発表して伝統的歴史学を痛撃したのも、この雑誌の誌上においてであった(一九〇三年)。のちに一九二九年になって『社会経済史年報』*Annales d'histoire économique et sociale*(現在の『アナール』*Annales Economies-Sociétés-Civilisations* の前身)を創刊して、新しい歴史学のシンボル的存在となるリュシアン・フェーヴルやマルク・ブロックも、まずはこの雑誌を舞台にして発言を始めている。G・G・イガーズの言うように、「アナール派の実際の歴史は、一九二九年の『社会経済史年報』の創刊に始まるのではなく、もっとずっと早く一九〇〇年ベールによる『歴史綜合雑誌』の創刊に始まる」(Georg G. Iggers, *New Directions in European*

*Historiography*, Wesleyan U. P., 1975, p. 51 (Revised edition, 1984. 中村幹雄ほか訳『ヨーロッパ歴史学の新潮流』晃洋書房、一九八六年) と見ることもできよう。実際、フェーヴルは一九〇七年から、ブロックは一九一一年からこの雑誌の寄稿者となっており、たとえば、ブロックの名高い論文 "Pour une histoire comparée des sociétés européennes" (高橋清徳訳『比較史の方法』創文社歴史学叢書、一九七八年) は、一九二八年にこの雑誌に掲載されたものであった。

ベールは、一九一一年、『歴史における綜合』*La synthèse en histoire* を著して、自らの立場を一層鮮明にしていたが、戦後の一九二〇年には、のちにリュシアン・フェーヴルが『十六世紀における不信仰の問題――ラブレーの宗教』*Le problème de l'incroyance au XVI^e^ siècle : la religion de Rabelais* (一九四二年) を書き、マルク・ブロックが『封建社会』*La société féodale* 全二巻 (一九三九―四〇年 (堀米庸三監訳『封建社会』岩波書店、一九九五年)) を書くなど、多くの名著を世に送った歴史学双書「人類の発展」L'évolution de l'humanité の刊行に着手し、さらに一九二五年には、先述の「綜合研究国際センター」を設立して国際的協力を呼び掛けるなど、まさに八面六臂の活動を続けたのであった。このセンターは、一九二九年から、毎年五月に、パリの国立図書館に隣接する由緒あるヌヴェール館を会場にして、「綜合研究国際討論週間」Semaine Internationale de Synthèse を開催し、交流の具体化に取り組むことになる。一九二九年五月の「文明」Civilisation ― Le mot et l'idée ― を共通テーマとする第一回討論週間においては、リュシアン・フェーヴル、マルセル・モースらが報告を行なっているが、こうした顔ぶれからもベールの狙いを看て取ることができよう。そして、この討論週間の第四回目一九三二年に、ジョルジュ・ルフェーヴルが登場することになるのである。

ジョルジュ・ルフェーヴルが早くからベールの運動にかかわりを持っていたという徴候はない。しかしジョージ・リュデの指摘によれば、ルフェーヴルは革命期の農業問題の研究を進める一方、ルボン、デュルケム、アルブヴァクスといったフランスの社会学者たちの仕事に強い関心を抱いていたという。そのことは本訳書の内容からも十分に推察できるところといってよかろう。とくに一九二八年ストラスブール大学に赴任してからは歴史家としてはフェーヴルとブロック、社会学者としてはアルブヴァクス、心理学者としてはアンリ・ヴァロンを同僚に持つことになり、交流は一層のこと深まったのであった。現に一九二九年フェーヴルとブロックの『社会経済史年報』創刊に際しては、ジョルジュ・ルフェーヴルはその第一巻に、「フランス農業史における革命の位置」La place de la Révolution dans l'histoire agraire de la France と題する研究史上劃期をなす重要な論文を寄稿し、それ以後も毎号数多くの書評を担当しているのである。一九三二年に『フランス革命史年報』の編集責任者となってからは、ルフェーヴルの活動の重心はこちらに置かれることになるが、「新しい歴史学」の揺籃期において、ルフェーヴルの歩みとフェーヴルやブロックの歩みとは、多くの面で交錯していたのであった。アンリ・ベールの「人類の発展」双書においても、惜しむべくは実現されなかったが、ルフェーヴルは『フランス革命の起源』*Les origines de la Révolution. Causes profondes et causes occasionnelles* と題する一巻を執筆する予定になっていた。このように見てくるならば、ルフェーヴルがベールの主宰する「国際討論週間」において報告を担当しているのは、ごく自然の成行きであったことが理解されると同時に、この報告におけるルフェーヴルの狙いが、革命史研究という枠組をはるかに超えるものであったこともよく了解されるのである。

ちなみに第四回「討論週間」における共通テーマ「群衆」La foule の報告者・報告題目を挙げておけば次の通りである。

五月十七日　G・ボーン（ソルボンヌ）「序論――動物における付和雷同性」
五月十八日　G・アルディ（植民地研究学院）「いわゆる未開社会における群衆」
五月十九日　P・アルファンデリ（高等研究院）「歴史のなかの群衆――宗教的群衆」
五月二十日　G・ルフェーヴル（ストラスブール大学）「歴史のなかの群衆――革命的群衆」
五月二十一日　E・デュプレエル（ブリュッセル大学）「世論――拡散した群衆は存在するか」

ルフェーヴルはこの共同研究の一員として歴史のなかの群衆、それも革命という大変革の過程での「群衆」の、固有の役割をテーマとして報告を行なったのであった。

## 三

さて、ルフェーヴルはこの報告において、まず革命期の「群衆」foule をどう捉えるかというところから始めるのだが、その際、対照的な二つの考え方を両極に見据えながら、論を展開している。一方の極におかれているのは、社会学者ルボンに代表される「群衆」観である。ルボンは、『群衆心理』(一八九五年)、『フランス革命と革命の心理学』(一九一二年)の二著によって、革命史研究に初めて「群衆」の概念を導入した先駆者であるが、彼によれば、人間が大勢集まって群をなすとひとりひとりの場合とは全く異なった心性や行動様式を示すのであり、そこでは、動物の群におけると同様、盲目的な付和雷同性が支配的となり、理性的な判断は背後にしりぞいてしまうのであって、「群衆」は多くの場合、破壊へと向かう傾向を示し、しばしば犯罪と結びつく、とされている。そして、フランス革命においては、リーダーに唆かされた盲目的な「群衆」が猛威を揮ったとして、断罪されたのであった。

このような、ルボン流「群衆」観の対極には、革命期の民衆を、共通の感情と同一の理性的判断に鼓舞されて共同の行動に立ち上がる、諸個人の自覚的な連合と考える、旧来の革命史家たちの考え方がある。ここでは、すべてが個人のレヴェルで捉えられており、集団の持つ独自性は考慮されていない。

ルフェーヴルは、このいずれの考え方も、民衆の行動の現実を正しく見ていない、として批判する。ルボンが、人間の集団に単なる個人の和以上の、独自の性格を認めようとするのは正当であるが、人間の集団を動物の群と同一視するのは、集団内において働いている「集合心性」mentalité collective の作用を見誤っているとして、ルボン説を斥ける。他方、政治過程に目を奪われている革命史家たちは、目的意識の明確な、一定の組織性を持った運動にばかり注目して、革命期の民衆行動の大多数が、その場の状況の中から、いわば自然発生的に生まれた運動であったことを理解していないとして、これもまた斥けられる。

このような批判の上にたって、ルフェーヴルは、通常「群衆」と呼ばれている民衆の集団を、三つのレヴェルに区別して考えることを提唱するのである。その第一は単純な「集合体」(または、「純粋状態の群衆」) agrégat simple, *ou* foule à l'état pur、第二は「半意識的集合体」agrégat semi-volontaire、第三は「結集体」rassemblement。そして、このそれぞれのレヴェルに「集合心性」のありようが深く絡んでいるのであり、この契機を入れてこないことには、民衆の行動は理解できないのだという。歴史家たちは、民衆の行動を、経済的・社会的・政治的な諸条件と、ただちに結びつけて捉えようとする。しかし、「これらの原因と結果との間には、集合心性の形成というファクターが介在しているのだ。集合心性の形成こそが、真の因果連関をつくり出すのであって、〔……〕社会史はそれゆえに、対立する階級の外から見える姿を記述することに留まっているわけにはゆかない。これらの階級それぞれの、心的内実 contenu mental にまで達しなくてはならないのである。そうしてこそ社会史は、政治史を、そしてとりわけ、革命的結集体の行動を、説明するのに役立ちうるのだ」(本訳書一六―一七頁)とルフェーヴルは主張する。歴史における心性の役割は、最近のフランス歴史学がとりわけ強い関心を示しているところだが、半世紀も前になされたこの主張は、いまなおきわめて新鮮な響きを持っていると言ってよかろう。

ところでルフェーヴルは、「集合心性」がどのようにして形成されると考えていたのであろうか。出発点としてルフェーヴルは、まず個々人の意識を置く。その上で、こうした一人一人のこころの間に働く「心的相互作用」action intermentale を通じて、個別的なものの単なる総和ではない、独自の特性をもった「集合心性」が形成されると考える。集合的なものと個人的なものとの関係は、排他的なものとしては捉えられていない。個人的なものの中にも、すでにして集合的なものが入り込み、集合的なものも完全に没個人的なものとはならない。ルフェーヴルのこのような考え方は、「集合心性」を、個人にとっては外在的な、すっかり出来上がってしまっているものと考えるのではなく、その形成される過程において捉えていこうとする、彼の視角に由来している。その意味で、ルフェーヴルの考え方は、集合意識を個々人の意識から切り離し全く別個のものとみなす傾向が強かったデュルケムに対する、批判を含んでいるといえよう。もちろんルフェーヴルも、「集合心性」が個人に対し外からの規制力として作用する側面を持つことを、無視しているのではない。しかし、彼にとっては、たとえば「集合的記憶」も、代々受け継がれてきた外在的な規範としてよりは、各人が、その形成と継受と伝達に自ら加わっているものとして、個別的なもののうちに内在化する方向で捉えられているのである。

このように、「集合心性」の形成過程を重視するルフェーヴルにとっては、「心的相互作用」が具体的にどのような形で働くかが重要なテーマとなる。ここで注目されるのは、ルフェーヴルが、日々の共同の生活がもたらすほとんど身体的とも言ってよい共同性や、「夜の集い」などを通じての口伝えのコミュニケーションを重く見ていることである。ここにはまさに、生活の場・労働の場における共同性から社会的結合関係――フランス歴史学のいう《sociabilité》――を捉えなおそうという、今日の歴史学の視点がはっきりと打ち出されており、さらにまた語らいの重視は、民衆文化の特質を的確に指摘して、川田順造氏の言う「無文字社会の歴史」へも連なる広大なパースペクティヴを予感させるのである。どのように「集合心性」は形成されるか、その「集合心性」は人間の結合関係のかなめとしてどれほどに大きな機能を果たすか、また、「集合心性」はどのような形で行動へのスプリング・ボードとなるかを、ダイナミックに説き明かしたこの報告から、民衆運動史の研究は多くを学ぶことができるだろう。

筆者はかつて、歴史を捉えなおすためのひとつの「参照系」cadre de référence として、「からだ」と「こころ」という二つの軸を考え、その延長上に、人間の社会的結合関係を考える形で、すべてをこの枠組に絡ませて捉える試みを提唱したことがあるが(「鼎談　社会史を考える」『思想』六六三号、一九七九年九月)、筆者のこの関心に引き寄せて考えてみる時、ルフェーヴルの論文は、また、多くの示唆的な事例を提示してくれる。

その第一は、「からだ」と「こころ」の関係についてであるが、たとえば「大恐怖」の場合のように、危険が迫るという知らせを聞いて自己防衛のため自生的に形成された集団において、いかなる事態が生ずるかを考察しながら、ルフェーヴルは、次のように述べている。「メンバーの間に、こころの、そしておそらくはからだの、相互作用が生ずる。その相互作用が、人々の神経を過度に昂ぶらせ、不安をその絶頂にまで高める。こうして彼らは、不安から逃れるために、行動へと急ぐのだ。つまりは、前へ逃げるのである」(六二頁)と。行動に至る心性の動きが、身体に密着した形で語られているのを、そこに見ることができる。村祭りについての考察でも同様である。祭りは単に、蜂起の打合せをする秘密の会合を開くよい機会というだけではない。祭りは集まった者たちに「高度の生理的興奮」surexcitation physiologique をもたらすのであり、それが革命的結集体への転化を容易にする、とルフェーヴルは指摘する。あるいはまた、「夜の集い」などを通じて口伝えに受け継がれていく「集合的記憶」の重要性を著者は強調しているが、それが語り伝えられるものであることによって、一層のこと、「身体的記憶」として人々の「からだ」のうちに受けとめられていたであろうことは、想像に難くない。このように、ルフェーヴルにおいては、「心性」の問題が、「身体」との深い関連のうちに捉えられていることが見てとれるのである。

ルフェーヴルが対象としたのは、革命の渦中で民衆が行動に移る、その前提としての「集合心性」のありようであった。それゆえ、日常態における心性のありようとは、趣きを異にする可能性も考えておかねばならない。しかし、農民が一揆を起こすのは、たしかに特別の状況ではあるが、突然変異的なことではない。アンシアン・レジームを通じて、一揆は多少とも恒常的な現象であり、民衆の心性のありようと深く結びついた、民衆の典型的な行動様式のひとつとすらいえる。一揆という状況は、日常態のもとでは隠されていた民衆の心性のクセを、むしろくっきりと浮かび上がらせるのだ。「不安」や「希望」は、まさにそのようなものといえよう。ルフェーヴルが、共通の「集合心性」を持つ半意識的集合体に、何らかのきっかけが与えられると、その集合体が急速に自覚的な結集体へと転化すると指摘しているのは、革命的行動と日常態との密接な内的連関を示している。革命的行動の場において心性を捉えようとすることは、日常性の次元を重視する「社会史的まなざし」にとって決して異なることではないのである。

「心性の歴史」は着手されたばかりであり、史料的にも、方法的にも、なお模索の域を出てはいない。しかし、歴史における「心性」の働きを読みとっていく作業は、単に新しい領域を歴史につけ加えるというだけのことではなく、歴史への新しい視点を自らのものとするための、歴史家にとっての鍛錬の場となるに違いない。ルフェーヴルのこの報告は、このような歴史の新たな把握への力強い呼び掛けであった。

## 四

最後に、この論文の理解に資するための参考文献をいくつか挙げておくことにする。

(1)フランス歴史学の動向について

井上幸治『歴史を語る』二玄社、一九七九年。

二宮宏之「歴史的思考とその位相——実証主義歴史学から全体性の歴史学へ」(フランス文学講座第五巻『思想』所収、大修館、一九七七年)。

服部春彦「フランス歴史学の転換」(河野健二編『ヨーロッパ——一九三〇年代』所収、岩波書店、一九八〇年)。

杉山光信「『社会学年報』から『経済社会史年報』へ——一九二〇年代のマルク・ブロックとリュシアン・フェーヴル」(『思想』六八八号、一九八一年十月)。

柴田三千雄・遅塚忠躬・二宮宏之「鼎談　社会史を考える」(『思想』六六三号、一九七九年九月)。

福井憲彦編『歴史のメトドロジー』新評論、一九八四年。

(2) 社会学からの展望

作田啓一「ロマン主義を超えて」(叢書「文化の現在」11『歓ばしき学問』所収、岩波書店、一九八〇年)。

宮島　喬「フランス社会学派と集合意識論——歴史における「心性」の問題にふれて」(『思想』六六三号、一九七九年九月)。

杉山光信「技術、教養そして新しい歴史学——L・フェーヴルとG・フリードマンの交流をめぐって」(『思想』同右)。

Neil J. Smelser, *Theory of Collective Behavior*, New York, The Free Press of Glengoe, 1963. (会田・木原訳『集合行動の理論』誠信書房、一九七三年)

Serge Moscovici, *L'âge des foules*, Fayard, 1981.

(3) 民衆運動史の研究

Georges Lefebvre, *Quatre-vingt-neuf*, Maison du Livre Français, 1939; $2^{e}$ éd., Armand Colin, 1970. (高橋・柴田・遅塚訳『一七八九年——フランス革命序論』岩波書店、一九七五年〔岩波文庫、一九九八年〕)

*Id.*, *La Grande Peur de 1789*, Armand Colin, 1932 ; nouv. éd., Armand Colin, 1970.

George Rudé, *The Crowd in the French Revolution*, Oxford U. P., 1959.（前川・野口・服部訳『フランス革命と群衆』ミネルヴァ書房、一九六三年〔新装版一九九六年〕）

*Id.*, *The Crowd in History. A Study of Popular Disturbances in France and England, 1730-1848*, John Wiley & Sons, 1964.（古賀・志垣・西嶋訳『歴史における群衆』法律文化社、一九八二年）

*Id.*, *Ideology and Popular Protest*, Lawrence & Wichart, 1980.（古賀・前間・志垣訳『イデオロギーと民衆抗議』法律文化社、一九八四年）

Albert Soboul, *Les sans-culottes parisiens en l'An II. Mouvement populaire et gouvernement révolutionnaire, juin 1793-9 thermidor An II*, Clavreuil, 1958.（井上幸治監訳『フランス革命と民衆』新評論、一九八三年）

Richard Cobb, *The Police and the People. French Popular Protest, 1789-1820*, Clarendon Press, 1970.

Yves-Marie Bercé, *Croquants et nu-pieds. Les soulèvements paysans en France du XVI$^{e}$ au XIX$^{e}$ siècle*, Coll. Archives, Gallimard-Julliard, 1974.

*Id., Fête et Révolte. Des mentalités populaires du XVI^e au XVIII^e siècle*, Hachette, 1976.（井上幸治監訳『祭りと叛乱――十六―十八世紀の民衆意識』新評論、一九八〇年〔藤原書店、一九九二年〕）

柴田三千雄『バブーフの陰謀』岩波書店、一九六八年。

――『近代世界と民衆運動』岩波書店、一九八三年。

井上すず『ジャコバン独裁の政治構造』御茶の水書房、一九七二年。

小井高志「ジャコバンとサンキュロット――特に民衆組織をめぐって」（立教大学『史苑』一〇九号、一九七二年二月）。

立川孝一「革命祭典――フランス革命の心性史」（『思想』六八七号、一九八一年九月）。

喜安　朗「労働者の生活圏と労働運動」（『思想』六四五号、一九七八年三月）。

――『パリの聖月曜日――一九世紀都市騒乱の舞台裏』平凡社、一九八二年。

木下賢一「フランスにおける労働史研究の新しい動向」（『社会経済史学』四三―一、一九七七年八月）。

近藤和彦「産業革命前夜の民衆運動㊤㊦」（『社会運動史』三・四号、一九七三・七四年）。

——「民衆運動・生活・意識」(『思想』六三〇号、一九七六年十二月)。

二宮宏之「「印紙税一揆」覚え書——アンシアン・レジーム下の農民叛乱」(岡田与好編『近代革命の研究』(上)所収、東京大学出版会、一九七三年〔二宮宏之『フランス　アンシアン・レジーム論』所収、岩波書店、二〇〇七年〕)。

勝俣鎮夫『一揆』岩波新書、一九八二年。

講座『一揆』全五巻、東京大学出版会、一九八一年。

井上幸治『秩父事件——自由民権期の農民蜂起』中央公論社、一九六八年。

森山軍治郎『民衆蜂起と祭り——秩父事件と伝統文化』筑摩書房、一九八一年。

安丸良夫『日本の近代化と民衆思想』青木書店、一九七四年〔平凡社ライブラリー、一九九九年〕。

見田宗介「明治維新の社会心理学」(『変動期における社会心理』所収、培風館、一九六七年)。

(4)「集合心性」mentalité collective について

Alphonse Dupront, Problèmes et méthodes d'une histoire de la psychologie collective, *Annales Economies-Sociétés-Civilisations*, 1961, n° 1.

Georges Duby, L'histoire des mentalités, in *L'histoire et ses méthodes*, Encyclopédie de la Pléiade, Gallimard, 1961.

Robert Mandrou, L'histoire des mentalités, in *Encyclopædia universalis*, t. VIII, Club français du Livre, 1968.

Jacques Le Goff, Les mentalités : une histoire ambiguë, in *Faire de l'histoire*, t. III, Bibliothèque des histoires, Gallimard, 1974.

Philippe Ariès, L'histoire des mentalités, in *La nouvelle histoire*, Retz, 1978.

*Revue de synthèse*, n$^{os}$ 111-112, 1983. 特集 "Histoire des sciences et mentalités" (とくに R. Chartier, A. Burguière の論文を参照).

(5) 「社会的結合関係」sociabilité について

Maurice Agulhon, *Pénitents et francs-maçons de l'ancienne Provence. Essai sur la sociabilité méridionale*, Coll. L'histoire sans frontières, Fayard, 1968.

*Id.*, La sociabilité, la sociologie et l'histoire, *L'Arc*, n° 65 (numéro consacré à Le Roy Ladurie), pp. 76-84.

*Id.*, Sociabilité populaire et sociabilité bourgeoise au XIX$^{e}$ siècle, in *Les cultures*

*populaires*, publ. sous la direction de G. Poujol et R. Labourie, Privat, 1979.
Jean-Pierre Gutton, *La sociabilité villageoise dans l'ancienne France. Solidarités et voisinages du* XVI$^{e}$ *au* XVIII$^{e}$ *siècle*, Hachette, 1979.

*

本書の訳出に際しては、永年ルフェーヴルの文章に親しんできた畏友遅塚忠躬君より、内容上の疑問点の解明から訳文の推敲に至るまではかりしれぬ恩恵をうけた。また、社会学にかかわる論点については、宮島喬氏より貴重な示唆をいただいた。末筆ながら、心よりの感謝を表したい。また、創文社編集部の相川養三さんは、仕事の度重なる延引にもかかわらず終始辛抱づよく訳者を励まして下さった。本訳書がとにもかくにも形になったのは、もっぱら相川さんのおかげである。記して深謝いたします。

## 付　記

訳者解説および訳注の執筆にあたっては、訳者が先に編纂した仏語テクスト Foules

révolutionnaires(第三書房、一九七七年)の「まえがき」「解題」「注」、および『歴史評論』三五四号(一九七九年十月号)所収の拙稿「社会史における「集合心性」――G・ルフェーヴルの所論によせて」から、若干の修正を加えて再録した部分がある。転載を許可された第三書房および『歴史評論』編集部に謝意を表する。

## 大恐怖の伝播経路

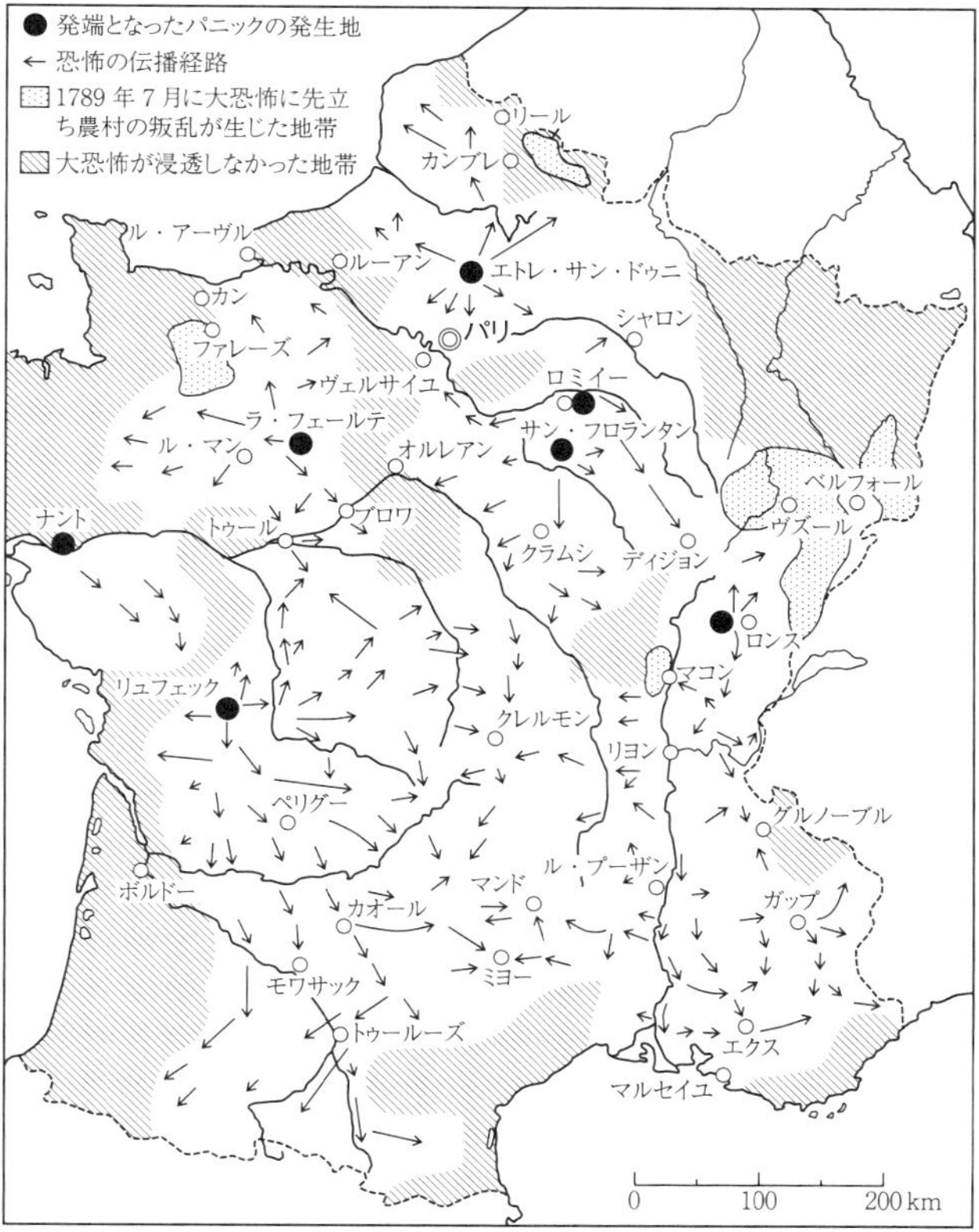


(G. Lefebvre, *La Grande Peur de 1789*, pp. 192-193)

ウス暦との対照表)

| 第VI年 | 第VII年 | 第VIII年 | 第IX年 | 第X年 | 第XI年 | 第XII年 | 第XIII年 | 第XIV年 |
|---|---|---|---|---|---|---|---|---|
| (1797) | (1798) | (1799) | (1800) | (1801) | (1802) | (1803) | (1804) | (1805) |
| 9.22 | 9.22 | 9.23 | 9.23 | 9.23 | 9.23 | 9.24 | 9.23 | 9.23 |
| 10.22 | 10.22 | 10.23 | 10.23 | 10.23 | 10.23 | 10.24 | 10.23 | 10.23 |
| 11.21 | 11.21 | 11.22 | 11.22 | 11.22 | 11.22 | 11.23 | 11.22 | 11.22 |
| 12.21 | 12.21 | 12.22 | 12.22 | 12.22 | 12.22 | 12.23 | 12.22 | 12.22 |
| (1798) | (1799) | (1800) | (1801) | (1802) | (1803) | (1804) | (1805) | (1806) |
| 1.20 | 1.20 | 1.21 | 1.21 | 1.21 | 1.21 | 1.22 | 1.21 | (一月一日よりグレゴリウス暦に復す) |
| 2.19 | 2.19 | 2.20 | 2.20 | 2.20 | 2.20 | 2.21 | 2.20 | |
| 3.21 | 3.21 | 3.22 | 3.22 | 3.22 | 3.22 | 3.22 | 3.22 | |
| 4.20 | 4.20 | 4.21 | 4.21 | 4.21 | 4.21 | 4.21 | 4.21 | |
| 5.20 | 5.20 | 5.21 | 5.21 | 5.21 | 5.21 | 5.21 | 5.21 | |
| 6.19 | 6.19 | 6.20 | 6.20 | 6.20 | 6.20 | 6.20 | 6.20 | |
| 7.19 | 7.19 | 7.20 | 7.20 | 7.20 | 7.20 | 7.20 | 7.20 | |
| 8.18 | 8.18 | 8.19 | 8.19 | 8.19 | 8.19 | 8.19 | 8.19 | |
| 9.17-21 | 9.17-22 | 9.18-22 | 9.18-22 | 9.18-22 | 9.18-23 | 9.18-22 | 9.18-22 | |

共　和　暦（グレゴリ

| | 共和暦 | 第I年 | 第II年 | 第III年 | 第IV年 | 第V年 |
|---|---|---|---|---|---|---|
| | （西暦） | (1792) | (1793) | (1794) | (1795) | (1796) |
| 秋 | (1) ヴァンデミエール（葡萄月） Vendémiaire | 9.22 | 9.22 | 9.22 | 9.23 | 9.22 |
| 秋 | (2) ブリュメール（霧月） Brumaire | 10.22 | 10.22 | 10.22 | 10.23 | 10.22 |
| 秋 | (3) フリメール（霜月） Frimaire | 11.21 | 11.21 | 11.21 | 11.22 | 11.21 |
| 冬 | (4) ニヴォーズ（雪月） Nivôse | 12.21 | 12.21 | 12.21 | 12.22 | 12.21 |
| 冬 | （西暦） | (1793) | (1794) | (1795) | (1796) | (1797) |
| 冬 | (5) プリュヴィオーズ（雨月） Pluviôse | 1.20 | 1.20 | 1.20 | 1.21 | 1.20 |
| 冬 | (6) ヴァントーズ（風月） Ventôse | 2.19 | 2.19 | 2.19 | 2.20 | 2.19 |
| 春 | (7) ジェルミナル（芽月） Germinal | 3.21 | 3.21 | 3.21 | 3.21 | 3.21 |
| 春 | (8) フロレアル（花月） Floréal | 4.20 | 4.20 | 4.20 | 4.20 | 4.20 |
| 春 | (9) プレリアル（草月） Prairial | 5.20 | 5.20 | 5.20 | 5.20 | 5.20 |
| 夏 | (10) メシドール（収穫月） Messidor | 6.19 | 6.19 | 6.19 | 6.19 | 6.19 |
| 夏 | (11) テルミドール（熱月） Thermidor | 7.19 | 7.19 | 7.19 | 7.19 | 7.19 |
| 夏 | (12) フリュクティドール（実月） Fructidor | 8.18 | 8.18 | 8.18 | 8.18 | 8.18 |
| | サン・キュロットの日 | 9.17-21 | 9.17-21 | 9.17-22 | 9.17-21 | 9.17-21 |

（共和暦各月の１日に当たるグレゴリウス暦の日付が示してある）

〔編集付記〕

一、本書の底本には、G・ルフェーヴル著、二宮宏之訳『革命的群衆』(創文社、一九八二年)の第二刷(一九八六年)を使用した。
一、「或いは」→「あるいは」、「勿論」→「もちろん」など、一部の漢字をかなにした。
一、訳注・訳者解説中の文献については、〔 〕を付して適宜補った。
一、底本の凡例を以下に掲載する。

一　本書は、ジョルジュ・ルフェーヴルが、一九三二年五月二十日、「第四回綜合研究国際討論週間」La IVᵉ Semaine Internationale de Synthèse において、«Foules révolutionnaires» と題して行なった報告の邦訳である。

一　この報告のテクストは、一九三四年、同討論週間の『報告集』*La foule. Actes de la Semaine Internationale de Synthèse*, Paris, Félix Alcan, 1934 に収録され、若干の手なおしを経て、同年の『フランス革命史年報』*Annales historiques de la Révolution française* (1934, n° 1) にも掲載された。後者のテクストは、ルフェーヴルの論文集 *Etudes sur la Révolution française*, Paris, P. U. F., 1954 に収録されている。

一　邦訳の底本としては、『革命史年報』論文集所収のものを用いた。ただし、前後の文脈から『報告集』のテクストの方が自然と思われた二カ所については、『報告集』のテクストに従って訳し、訳注にその旨記してある。なお、目次は訳者が作成したものである。

一　原注は( )形括弧を付したアラビア数字で段落末に掲げ、訳注は( )形括弧を付した漢数字で本文末尾に一括して掲げた。

# フランス革命史略年表

（本文の主題に関連する事項をゴチックにした）

| | | |
|---|---|---|
| 1787 | 2.22 | 第1回名士会 L'Assemblée des notables 召集. |
| | 4. 8 | カロンヌ罷免，ロメニ・ド・ブリエンヌあとを継ぐ. |
| | 8.14 | パリ高等法院追放. (→ 9.19) |
| 1788 | **6. 7** | **グルノーブルにて民衆騒擾（「屋根瓦の日」）.** |
| | 7. 5 | ルイ16世三部会召集を約束. |
| | 8. 8 | 召集日を89年5月1日と決定. |
| | 8.25 | ロメニ・ド・ブリエンヌに代え，ネッケルを再登用. |
| | 11. 6 | 第2回名士会召集. |
| | **12月** | **各地に農民一揆. (→89年春)** |
| 1789 | **2-4月** | **三部会に向け，代表選挙と陳情書作成の集会.** |
| | **4.27-28** | **パリにてレヴェイヨン Réveillon 事件.** |
| | 5. 5 | ヴェルサイユに三部会召集. |
| | 6.17 | 第三身分による「国民議会」L'Assemblée nationale 宣言. |
| | 6.20 | 球戯場の誓い. |
| | 7. 9 | 「憲法制定国民議会」L'Assemblée constituante と改称. |

| | | |
|---|---|---|
| | **7.11** | **ネッケル罷免．翌日よりパリに騒乱拡まる．** |
| | **7.14** | **バスティーユ襲撃．** |
| | 7.16 | 国王再びネッケルの呼び戻しを決定． |
| | **7-8月** | **「アリストクラートの陰謀」の噂拡まり，地方に「大恐怖」．** |
| | 8. 4 | 封建的諸権利廃止の宣言． |
| | 8.26 | 「人権宣言」． |
| | **10.5-6** | **パリの民衆ヴェルサイユへデモ．**国王をパリに連れ戻す． |
| | 11. 2 | 教会財産国有化決議． |
| 1790 | 3. 9 | 「国有財産売却法」可決． |
| | 7.12 | 「聖職者民事基本法」可決． |
| | 7.14 | シャン・ド・マルスにて全国連盟祭 Fête de la Fédération. |
| | 9. 3 | ネッケル辞任． |
| 1791 | 3. 2 | 「アラルド法」．同職組合制廃止． |
| | 6.14 | 「ル・シャプリエ法」．親方・職人・労働者の団結を禁止． |
| | 6.20-21 | 国王一家国外逃亡に失敗(Varennes 事件)． |
| | **7.17** | **シャン・ド・マルスの虐殺．** |
| | 9. 3 | 1791 年憲法採択． |
| | 9.13 | ルイ 16 世憲法を裁可し，「フランス人の国王」Roi des Français となる． |
| | 9.30 | 「憲法制定国民議会」解散． |
| | 10. 1 | 「立法議会」L'Assemblée législative 成立． |
| 1792 | 3.10 | ジロンド派内閣成立． |

| | | |
|---|---|---|
| | 4.20 | オーストリアに宣戦布告. |
| | 6.13 | ジロンド派閣僚罷免. |
| | **6.20** | **パリの民衆テュイルリー宮に侵入. 武装して示威.** |
| | 7.11 | 「祖国は危機に瀕せり」La patrie est en danger の宣言. |
| | 7.14 | 全国連盟祭に各地より義勇兵集まる. |
| | **8.10** | **パリのコミューン蜂起. 王宮を占拠. 国王の権利停止.** |
| | 9. 2 | ヴェルダン包囲され開城. |
| | **9.2-6** | **「九月虐殺事件」. パリの民衆, 反革命容疑者を殺害.** |
| | 9.20 | フランス軍ヴァルミーの勝利. |
| | 9.21 | 「国民公会」La Convention 召集. 王政廃止の決定. |
| | 9.22 | 共和国宣言. |
| | 12. 4 | 国王裁判開始. |
| 1793 | 1.21 | ルイ 16 世処刑. |
| | 2.24-26 | パリに食糧暴動. |
| | **3.10** | **ヴァンデの叛乱. (→秋)** |
| | 3.10 | 革命裁判所設置. |
| | 4. 6 | 公安委員会創設. |
| | 5. 4 | 穀物・小麦粉の「最高価格法」Maximum. |
| | **5.31-6.2** | **パリ民衆, ジロンド派を国民公会より追放. 山岳派の独裁.** |
| | 6.24 | 1793 年憲法可決. |

| | | |
|---|---|---|
| | 7.13 | マラー暗殺. |
| | 7.17 | 封建的権利の無償廃棄. |
| | 7.27 | ロベスピエール公安委員会に参加. |
| | 8.10 | 「共和国憲法」(93 年憲法)公布. |
| | **9.17** | **「反革命容疑者法」Loi des suspects.** |
| | 9.29 | 全生活必需品に対し「一般最高価格法」Maximum général. |
| | 10.31 | ジロンド派処刑. |
| | 11.10 | パリのコミューン,「理性の祭典」開催. |
| 1794. | 2.26/3.3 | 「ヴァントーズ法」採択. ただし実施されず. |
| | 3.24 | エベール派処刑. |
| | 4. 5 | ダントン派処刑. |
| | **6. 8** | **最高存在の祭典.** |
| | 7.27 | テルミドール 9 日, ロベスピエール失脚. 翌日処刑. |
| | 8.24 | 革命政府改組. |
| | 12.24 | 「最高価格法」廃止. |
| 1795 | 3. 8 | ジロンド派復活. |
| | **4. 1** | **ジェルミナルの民衆蜂起.** |
| | **5.20** | **プレリアルの民衆蜂起.** |
| | 5月 | 白色テロル, 地方に拡まる. |
| | 5.31 | 革命裁判所廃止. |
| | 8.22 | 1795 年憲法可決(9.23 公布). |
| | **10.4-6** | **ヴァンデミエールの暴動.** |
| | 10.26 | 「国民公会」解散. |

| | | |
|---|---|---|
| | 10.27 | 総裁政府 Le Directoire 成立．公安委員会廃止. |
| 1796 | 5.10 | バブーフの陰謀(1797.5.28 死刑). |
| 1799 | 11. 9 | ナポレオン，ブリュメール 18 日のクーデタ. |
| | 11.10 | 統領政府(執政政府) Le Consulat 成立．ナポレオンの軍事独裁. |
| 1804 | 5.18 | ナポレオン皇帝に即位．第一帝政. |

革命的群衆《かくめいてきぐんしゅう》　G. ルフェーヴル著

2007年10月16日　第1刷発行
2023年 7 月27日　第3刷発行

訳　者　二宮宏之《にのみやひろゆき》

発行者　坂本政謙

発行所　株式会社 岩波書店
〒101-8002 東京都千代田区一ツ橋 2-5-5

案内 03-5210-4000　営業部 03-5210-4111
文庫編集部 03-5210-4051
https://www.iwanami.co.jp/

印刷・三陽社　カバー・精興社　製本・中永製本

ISBN 978-4-00-334762-1　　Printed in Japan

# 読書子に寄す

——岩波文庫発刊に際して——

岩波茂雄

真理は万人によって求められることを自ら欲し、芸術は万人によって愛されることを自ら望む。かつては民を愚昧ならしめるために学芸が最も狭き堂宇に閉鎖されたことがあった。今や知識と美とを特権階級の独占より奪い返すことはつねに進取的なる民衆の切実なる要求である。岩波文庫はこの要求に応じそれに励まされて生まれた。それは生命ある不朽の書を少数者の書斎と研究室とより解放して街頭にくまなく立たしめ民衆に伍せしめるであろう。近時大量生産予約出版の流行を見る。その広告宣伝の狂態はしばらくおくも、後代にのこすと誇称する全集がその編集に万全の用意をなしたるか。千古の典籍の翻訳企図に敬虔の態度を欠かざりしか。さらに分売を許さず読者を繋縛して数十冊を強うるがごとき、はたしてその揚言する学芸解放のゆえんなりや。吾人は天下の名士の声に和してこれを推挙するに躊躇するものである。このときにあたって、岩波書店は自己の責務のいよいよ重大なるを思い、従来の方針の徹底を期するため、すでに十数年以前より志して来た計画を慎重審議この際断然実行することにした。吾人は範をかのレクラム文庫にとり、古今東西にわたって文芸・哲学・社会科学・自然科学等種類のいかんを問わず、いやしくも万人の必読すべき真に古典的価値ある書をきわめて簡易なる形式において逐次刊行し、あらゆる人間に須要なる生活向上の資料、生活批判の原理を提供せんと欲する。この文庫は予約出版の方法を排したるがゆえに、読者は自己の欲する時に自己の欲する書物を各個に自由に選択することができる。携帯に便にして価格の低きを最主とするがゆえに、外観を顧みざるも内容に至っては厳選最も力を尽くし、従来の岩波出版物の特色をますます発揮せしめようとする。この計画たるや世間の一時の投機的なるものと異なり、永遠の事業として吾人は微力を傾倒し、あらゆる犠牲を忍んで今後永久に継続発展せしめ、もって文庫の使命を遺憾なく果たさしめることを期する。芸術を愛し知識を求むる士の自ら進んでこの挙に参加し、希望と忠言とを寄せられることは吾人の熱望するところである。その性質上経済的には最も困難多きこの事業にあえて当たらんとする吾人の志を諒として、その達成のため世の読書子とのうるわしき共同を期待する。

昭和二年七月